Les Noirs américains

Du même auteur

Le Modèle noir, la chronologie, Paris, Flammarion, 2019.

Histoire de Chicago, Paris, Fayard, 2013 (avec Andrew Diamond).

Les Noirs américains. En marche pour l'égalité, Paris, Gallimard, coll. « Découvertes Gallimard/Histoire », 2009.

La Condition noire. Essai sur une minorité française (préface de Marie Ndiaye), Paris, Gallimard, 2009.

Du nylon et des bombes. Du Pont de Nemours, le marché et l'État américain, 1900-1970, Paris, Belin, coll. « Cultures américaines », 2001.

Traduction en langue anglaise : *Nylon and Bombs, DuPont and the March of Modern America*, Baltimore, Johns Hopkins University Press, 2007.

Pap Ndiaye

Les Noirs américains

De l'esclavage à Black Lives Matter

Tallandier / *L'Histoire*

48, rue du Faubourg-Montmartre – 75009 Paris
www.tallandier.com

Introduction

Histoire politique des Noirs américains

À l'automne 2016, quelques mois avant de quitter la Maison-Blanche, Barack Obama inaugura le Musée national d'histoire et de culture africaine-américaine, qui propose un itinéraire saisissant de l'histoire noire américaine, depuis l'Afrique des origines jusqu'à la période contemporaine. Les visiteurs peuvent ainsi parcourir quatre siècles d'histoire, leur permettant de porter un regard renouvelé et crucial sur l'histoire des États-Unis. Dans un registre voisin, le *New York Times* a récemment lancé le « projet 1619 », par référence à la date d'arrivée des premiers Africains captifs en Virginie, qui vise à repenser en profondeur cette histoire, en insistant sur sa centralité économique, sociale, politique et culturelle. Plus largement, si l'on ne devait retenir qu'une idée des multiples travaux qui ont renouvelé ce champ d'études, ce serait leur insistance sur les capacités d'agir des Africains-Américains (leur « agentivité »), y compris dans les situations les plus oppressantes, pour rendre tangibles les idéaux de la révolution américaine, dont l'universalité n'avait d'existence que sur le papier de la Constitution.

Les chapitres de cet ouvrage sont issus d'articles pour la plupart publiés dans la revue *L'Histoire* de 2003 à aujourd'hui, articles retouchés, parfois développés, pour l'occasion. Bien que sortis au fil des années sans lien de continuité particulier, ils forment, réunis, un ensemble de chapitres cohérent d'un point de vue thématique et chronologique. Leur problématique générale est d'une part celle de l'histoire des dominations, des violences, des persécutions subies par les Noirs américains, et d'autre part celle de leur résistance, de leur capacité à la résilience, à la mobilisation collective pour exiger le droit à vivre dignement, du XIXe siècle à aujourd'hui. Il s'agit donc d'une histoire profondément politique, si l'on veut bien donner à ce terme un sens suffisamment ample, qui ne se résume pas à la conquête et à l'exercice du pouvoir, mais aussi à la capacité à agir collectivement sur ses conditions de vie, à la possibilité d'avoir son mot à dire sur le choix des autorités de gouvernement, depuis le modeste shérif jusqu'au président des États-Unis, et même, comme le mouvement Black Lives Matter l'exprime aujourd'hui, à l'expression d'une exigence très simple : le droit à la vie.

Le premier fil conducteur de ces textes a trait à la violence sidérante de l'histoire noire américaine. Celle-ci a été fondamentalement marquée au fer rouge du crime contre l'humanité que furent la traite transatlantique et l'esclavage. Avec le massacre des populations autochtones, l'esclavage est l'autre pilier honteux, longtemps maintenu dans les ténèbres des mémoires, de l'histoire des États-Unis. À cela s'ajoutent des modes de domination progressivement mis en place après l'abolition de 1865 : la ségrégation, la privation du droit de vote et les lynchages, qui entrèrent dans l'actualité ordinaire du pays à partir des années 1890. Comme l'a remarqué l'écrivaine Claudia Rankine, la vie de millions d'Américains a été marquée par des cérémonies de deuil particulières, le deuil inconsolable de celles et ceux qui sont morts parce que noirs. L'expérience noire américaine est donc aussi celle de formes poignantes de deuil – une des raisons pour lesquelles les Églises ont tant compté. En 1955, Emmett Till, un adolescent noir en vacances dans le Mississippi, fut torturé à mort pour avoir regardé une femme blanche. Lors de ses obsèques, à Chicago, sa mère demanda que le cercueil restât ouvert, exposant son visage affreusement défiguré, afin, dit-elle, que le monde vît « ce qu'ils ont fait à mon fils ».

Et il y a eu tout le reste : les services scolaires et sanitaires de moindre niveau, les emplois les moins payés et les plus menacés en temps de crise, le système judiciaire biaisé, les logements insalubres, les mille et une avanies du quotidien, les violences symboliques. La dégradation des quartiers noirs centraux à partir des années 1970, sous le triple coup de la crise économique, de l'arrivée massive de la drogue et du départ des classes moyennes, a déstructuré les familles et les communautés urbaines, en même temps que le contrôle des forces de l'ordre se faisait plus pressant.

Cette violence particulière a deux dimensions : l'une, structurelle, est celle des institutions, construites par la pratique et par un appareil juridique important : l'esclavage, la ségrégation, furent cimentés par des lois. Mais elles ne font pas tout : aujourd'hui, le racisme structurel existe toujours dans de nombreuses institutions, en premier lieu la police, bien que les lois soient formellement antiracistes. La grande majorité des policiers ne sont pas racistes en tant qu'individus, mais leur formation, les doctrines d'emploi de la force et leur socialisation professionnelle les poussent à agir brutalement vis-à-vis de leurs concitoyens noirs. L'autre dimension de la violence subie par les Noirs américains tient à la force inépuisable des suprémacistes blancs, obsédés par le déclin de la « race blanche », le métissage généralisé, la décadence des mœurs, le féminisme, etc. Les plus illuminés passent à l'action en tuant, comme Dylan Roof, assassin néonazi de neuf personnes noires dans une église de Charleston en 2015. Les autres mâchent leurs haines recuites en applaudissant Donald Trump. Avec un suprémaciste blanc à la Maison-Blanche entre 2017 et 2021, masquant à peine son mépris et sa méconnaissance de ses concitoyens noirs, les violences racistes ont crû. Trump est bien le chef de file de l'extrême droite raciste et xénophobe des États-Unis. Il n'empêche que, en perspective historique, le niveau de violence absolu a chuté : les violences d'aujourd'hui ne sont pas équivalentes à celles de l'esclavage, de la ségrégation, ou même aux violences urbaines des années 1960 quand les morts se comptaient par centaines.

Le second fil rouge concerne les « arts de la résistance », pour reprendre le titre d'un ouvrage classique de James C. Scott. Il est essentiel, en effet, de souligner l'infinité et l'intérêt des stratégies déployées par les dominés, en particulier dans les petits actes du quotidien, comme le rythme de travail que les esclaves ralentissaient sitôt que le maître tournait les talons. Nous verrons par exemple comment des esclaves pouvaient agir sur les ventes qui les concernaient, comment leur agentivité s'exerçait malgré la violence subie pour construire un monde propre. La culture, en particulier musicale, a aussi joué un rôle essentiel, en fournissant un mode d'expression sublimé de résistance et de résilience. Les spirituals, le gospel, le blues et le jazz, le R&B et la soul n'ont pas seulement accompagné, soutenu la vie politique noire américaine ; ils en ont été l'une des formes d'expression, l'un des langages. « *We Shall Overcome* », chantaient les militants des droits civiques dans les années 1960 : ce gospel, interprété de manière inoubliable par Mahalia Jackson, leur donnait de l'énergie, de l'espoir, et faisait enrager les suprémacistes blancs. Les croyances et pratiques religieuses africaines-américaines ont aussi été essentielles, en ce qu'elles ont fortifié les communautés, donné naissance à des chefs charismatiques comme Martin Luther King pour qui un monde meilleur n'était pas qu'une vague promesse pour l'Au-delà, mais un objectif à atteindre ici et maintenant. Ses discours, à Montgomery, Atlanta, Washington et ailleurs, étaient politiques autant que religieux, ces deux dimensions étant imbriquées.

Ces cultures résistantes n'ont pas éteint les grands desseins et mouvements collectifs : à l'échelle locale, avec la révolte de Nat Turner en 1831, à l'échelle régionale, avec les fuites massives d'esclaves pendant la guerre de Sécession, ou à l'échelle nationale, avec l'UNIA de Marcus Garvey au lendemain de la Première Guerre mondiale, qui a sans doute été, en dépit de sa brève existence, l'organisation noire la plus populaire de l'histoire du pays. Et, bien sûr, le mouvement pour les droits civiques dans les années 1950 et 1960, cette vague puissante qui fit plier les forces de haine et de répression arrogante au pouvoir dans le Sud.

Un troisième fil rouge tient à la dialectique entre radicalité et modération dans les mouvements noirs. L'histoire des radicalités politiques, de Nat Turner en 1831 à Malcom X dans les années 1960, peut certes être jugée à l'aune de leurs résultats, auquel cas on pourrait en conclure qu'elles ont historiquement échoué aux États-Unis. Le rapport de force très défavorable, la faiblesse des ressources, la mobilisation des forces de répression ayant tous les moyens à leur disposition, l'impossibilité, ou la grande difficulté, à se renforcer avec des alliés blancs, l'absence de débouché politique crédible : tout cela explique l'impasse politique de ces radicalités. En contraste, les mouvements modérés semblent l'avoir emporté à long terme : leur capacité à établir des compromis, même critiquables, leur aptitude à mobiliser des ressources externes (des alliés, des financements, des médias) et à rassembler plus largement les mondes noirs, voilà qui a été historiquement bien plus opérant. Barack Obama, fin stratège s'il en est, sut se frayer son chemin dans la vie politique de Chicago puis de l'Illinois, et enfin du pays tout entier, sans se laisser enfermer dans la représentation communautaire, et en cherchant avec ténacité à trouver les bons équilibres, quitte à décevoir celles et ceux qui attendaient plus, en particulier sur les questions raciales qu'il traita avec des pincettes.

Mais il convient de nuancer cette opposition trop schématique. Car les radicalités doivent aussi être considérées à la bonne échelle, en ce qu'elles ont aiguillonné les mouvements politiques plus modérés, plus soucieux de compromis, et en ce qu'elles ont politisé les mondes noirs les plus modestes, ceux des ghettos par exemple. Nat Turner a fini pendu, mais il a porté un coup très dur à l'esclavage en favorisant l'essor de l'abolitionnisme. De manière moins tragique, Tommie Smith et John Carlos, avec leurs poings levés du Black Power sur le podium olympique de Mexico, ont sacrifié leur carrière sportive, fait écumer de rage les gérontes réactionnaires du

CIO, mais soulevé d'enthousiasme et d'émotion des millions d'hommes et de femmes à travers le monde.

De fait, l'histoire de la radicalité et de la modération est enchevêtrée, faite de tensions fortes, mais aussi de convergences, d'échanges, d'allers-retours entre les uns et les autres, selon les moments. Les débats portaient aussi bien sur les moyens – la violence est-elle légitime ? – que sur les fins : lutter pour la liberté, mais à quelle fin ? L'intégration dans la société américaine ? l'autonomie communautaire ? la sécession ? Un Martin Luther King apparaissait comme modéré en comparaison de Malcom X ou de Stokely Carmichael ; mais il faisait figure de dangereux agitateur pour les caciques de la National Association for the Advancement of Colored People, préférant les combats judiciaires aux mobilisations populaires. Mais localement, la NAACP pouvait être bien plus radicale que la direction nationale de cette association… Bref, de manière sans doute plus nette que dans d'autres groupes, le monde africain-américain a été politiquement structuré par une dialectique entre radicalité et modération : deux pôles qui se sont nourris l'un l'autre, et qui ont trouvé chacun leur place dans l'histoire du pays.

Enfin, il faut aussi reconnaître les évolutions positives. S'il ne fallait qu'un exemple, l'élection de Barack Obama en 2008 fut un moment sidérant et restera comme un grand événement historique en donnant même, un instant, l'illusion que les États-Unis étaient guéris de leur lancinante blessure raciale. Le soir de l'élection, Jesse Jackson, vétéran des droits civiques, pleura d'émotion dans Grant Park à Chicago, et tout le monde comprit à qui il pensait. L'ombre de King était présente aux côtés d'Obama, et avec lui la cohorte innombrable de celles et ceux qui s'étaient battus contre l'injustice et l'avaient payé de leur vie. Certes, Obama a fait au mieux dans un cadre politiquement contraint, face à une opposition souvent venimeuse, sans reformuler en profondeur l'exercice du pouvoir exécutif, sans toucher à la question pourtant urgente de l'accroissement phénoménal des inégalités de revenus et de patrimoines, qui mine les États-Unis depuis trente ans. Au-delà d'Obama, il existe aujourd'hui une classe moyenne noire prospère, bien plus importante qu'il y a cinquante ans, fruit des politiques d'*affirmative action* qui ont permis à des millions de jeunes Africains-Américains d'accéder à l'université ou d'obtenir des emplois de fonctionnaires fédéraux. Si Martin Luther King revenait dans notre monde, il serait sans doute stupéfait de constater l'existence de cette classe moyenne, d'apprendre qu'un homme noir de père kenyan fut élu et réélu président des États-Unis. Mais en même temps, il serait atterré de voir l'isolement et la misère d'une partie du monde africain-américain, d'observer le comportement de certaines polices municipales et l'existence tenace du suprémacisme blanc.

Face à un pouvoir méprisant et hostile, comme lors de la présidence Trump, le monde noir américain fait le dos rond en s'organisant pour surgir au bon moment, ainsi que Black Lives Matter l'a montré en 2020. En cela, les années récentes sont représentatives de la résilience historique des Noirs américains, habitués aux coups durs et à des adversaires féroces. Voilà peut-être le legs principal de Martin Luther King et de tous ceux et celles dont il est question dans cet ouvrage : avoir donné aux Africains-Américains le sentiment d'être porteurs d'une grande histoire, une histoire de malheurs certes, mais aussi de création, de ténacité et d'intelligence politique.

I

Les enchaînés du roi coton

De 1619 à 1865, l'esclavage occupa une position centrale dans la société, l'économie et la politique américaines. Main-d'œuvre trimant surtout dans les plantations du Sud, les esclaves subirent tout au long du XIXe siècle d'humiliants trafics et des transferts massifs de population. La traite transatlantique fut interdite en 1808, mais une autre traite, interne aux États-Unis, se mit en place jusqu'à la guerre de Sécession (1861-1865). C'est cette traite-là, peu connue, et les ventes qui lui étaient associées, qui sont ici analysées.

Personne ne pouvait imaginer, en 1619, au vu d'une vingtaine d'Africains vendus sur un quai de Virginie par un capitaine hollandais, que l'esclavage des Noirs deviendrait une institution majeure du Nouveau Monde. En effet, les obstacles paraissaient nombreux de prime abord : la distance avec le continent africain, le coût de la traite, l'acclimatation des captifs. Mais cela n'empêcha pas l'esclavage de se généraliser à partir de la fin du XVIIe siècle, jusqu'à devenir le système de travail principal de l'Amérique coloniale. En effet, ni les travailleurs européens ni les Indiens asservis n'étaient assez nombreux, ou assez volontaires, pour subvenir aux besoins agricoles. Les Africains, en revanche, étaient acheminés en masse par la marine britannique, et leur condition d'esclaves devint permanente et transmissible à leur descendance.

Des quelque 12,5 millions d'Africains déportés vers les Amériques, les États-Unis n'en reçurent qu'un nombre réduit : 450 000 personnes, soit 3,2 %, par contraste avec le Brésil et les Caraïbes qui reçurent quant à eux 85 % du total des captifs. Une des explications réside dans la précocité relative de l'interdiction de la traite transatlantique aux États-Unis. Cependant, et c'est une particularité de ce pays, la population esclave y connut un accroissement naturel élevé : de 697 897 en 1790, le nombre d'esclaves passa à 1 538 000 en 1820 et à 3 953 760 en 1860. Les propriétaires d'esclaves compensèrent l'interdiction de la traite transatlantique par la traite interne et la natalité de leurs esclaves.

C'est surtout dans les colonies du Sud, où l'agriculture commerciale était bien ancrée, que l'esclavage prospéra. Il y eut certes, au XVIIIe siècle, des esclaves dans le Nord, occupés à des tâches domestiques et artisanales, mais rien de comparable avec le Sud, où la culture du tabac en Virginie, au Maryland, en Caroline du Nord, du riz et de l'indigo en Caroline du Sud, en Géorgie, de la canne à sucre et surtout du « roi coton » au siècle suivant dans le delta du Mississippi réclama une main-d'œuvre servile énorme.

Pourtant, la révolution américaine et la création des États-Unis, à la fin du XVIIIe siècle, auraient pu porter un coup fatal à l'esclavage. Celui-ci ne se trouvait-il pas en contradiction flagrante avec les déclarations de principe sur les droits naturels de l'homme et avec un pays nouvellement indépendant qui se réclamait de la liberté ? De fait, l'esclavage fut mis en cause de tous côtés : les philosophes, les juristes, les économistes, les chrétiens évangéliques, les politiques se bousculaient pour le fustiger. Toutefois, le parti abolitionniste n'emporta finalement pas la décision. Les Pères de la Constitution, qui comprenaient quelques-uns des plus grands propriétaires d'esclaves, de même que, plus tard, huit des douze premiers présidents, agirent avec prudence en considérant que les intérêts politiques et économiques supérieurs de la nouvelle République justifiaient le maintien de l'esclavage, ou plus précisément, que celui-ci ne soit pas aboli : la Constitution ne s'opposa donc pas à l'esclavage, et la décision de sa possible abolition échut aux différents États. Le mot « esclave » n'est d'ailleurs pas présent dans la Constitution, qui use d'euphémismes en évoquant de manière contournée et embarrassée les « autres personnes » ou les « personnes tenues de servir ou travailler ». Elle reconnaît aux propriétaires le droit de réclamer les fugitifs, et précise qu'un esclave vaut les trois cinquièmes d'un homme libre, manière d'accroître le poids politique du Sud au Congrès des États-Unis.

Dans les années qui suivirent l'indépendance, l'abolition s'imposa avec une certaine évidence dans les États du Nord, qui n'avaient d'ailleurs plus besoin de l'esclavage d'un point de vue économique, mais il demeura intact dans le Sud. Sur le plan moral, ses défenseurs considéraient que les Noirs n'étaient pas capables d'être libres, qu'ils ne pouvaient en aucun cas prétendre aux droits et privilèges des hommes libres. La seule concession accordée aux abolitionnistes fut l'interdiction de l'esclavage dans les Territoires de l'Ouest et la fin de la traite transatlantique[1]. C'était là, espérait Thomas Jefferson, lui-même propriétaire d'esclaves, une première étape vers l'abolition inéluctable de l'« institution particulière », selon l'euphémisme couramment employé pour parler de l'esclavage.

Cependant, l'interruption de la traite en 1808 ne porta pas un coup fatal à l'esclavage, bien au contraire. Dans le demi-siècle qui suivit, l'essor spectaculaire de la culture du coton dans le sud profond des États-Unis fit les beaux jours du système esclavagiste. Le prix des esclaves augmenta continûment jusqu'à la guerre de Sécession, tant les besoins en travailleurs des plantations de coton y étaient importants.

Plus d'un million d'esclaves furent transférés du Sud-Est (Maryland, Virginie, Caroline du Nord) vers le Sud profond (Caroline du Sud, Géorgie, Alabama, Mississippi, Louisiane, Texas). La majorité des ventes séparaient les familles, bien souvent les enfants de leurs parents. Le commerce intensif et interrégional des esclaves se substitua donc à la traite transatlantique en tant que fondement de l'économie esclavagiste et moteur de son expansion vers le sud-ouest[2].

Les ventes et les transferts d'esclaves étaient réalisés par des négociants spécialisés. Les principaux, comme Isaac Franklin et John Armfield en Virginie, les Woolfolk et les Slatter dans le Maryland, ou John Hagan en Caroline du Sud, étaient connus dans toute la région. À la tête de firmes puissantes, ils possédaient des dépôts d'esclaves, des navires pour les expédier et recouraient à une multitude d'employés et d'agents qui ratissaient la région à l'affût de captifs jeunes et robustes. Lesquels étaient revendus avec de confortables bénéfices dans les marchés des grandes villes du Sud – le plus important étant celui de La Nouvelle-Orléans.

Même si leur nom n'apparaissait pas toujours dans les actes de vente, les marchands réalisaient l'essentiel des ventes et travaillaient généralement en réseau. Ils recevaient des licences officielles des États et percevaient une commission légale : 1 à 2 % du prix de vente pour chaque transaction. Ils achetaient les esclaves de mai à octobre, pendant la saison des récoltes. Les captifs attendaient parfois plusieurs mois avant d'être envoyés dans le Sud profond, par bateau ou à pied, enchaînés les uns aux autres, formant d'interminables files le long de routes poussiéreuses et brûlantes.

Le voyage était éprouvant, physiquement et moralement : les esclaves avaient été arrachés à leur famille, à leur communauté, parfois sans le temps d'un adieu. Les maîtres usaient souvent de subterfuges pour tromper les parents des enfants qu'ils vendaient, distrayant leur attention ou faisant de fausses promesses sur le retour prochain de leur progéniture. Les réactions de désespoir et de révolte n'étaient pas rares, d'autant que la perspective du labeur dans les champs de coton et de canne à sucre, surnommés « *killing fields* », les « champs de la mort », était accablante.

Parfois, des Noirs libres du Nord étaient kidnappés par des marchands et vendus comme esclaves. Ce fut le cas de Solomon Northup, né en 1808, l'auteur de *Twelve Years a Slave* (1853), né libre à New York, enlevé à Washington en 1841 puis vendu à La Nouvelle-Orléans. Il fut maintenu douze ans en servitude avant d'obtenir sa libération par des moyens judiciaires[3].

Par contraste avec leurs ancêtres africains déportés vers les Amériques, les esclaves vendus et transférés savaient à quoi s'en tenir quant à leur sort. De plus, leurs conditions de voyage n'étaient pas aussi effroyables qu'à fond de cale au milieu de l'Atlantique, et ils avaient la possibilité de maintenir des liens avec leurs familles et leurs amis. Ils pouvaient chuchoter entre eux, se réconforter, échanger des informations sur leur destination ou leurs possibilités de fuite. Il n'empêche : ces transferts massifs de population noire rappelaient la tragédie de la traite transatlantique.

Arrivés à destination, les esclaves étaient gardés et vendus dans des établissements spécialisés, nombreux dans le quartier des marchés de La Nouvelle-Orléans. Les marchands soignaient leur apparence physique, les nourrissaient convenablement, les habillaient pour la vente : robes, costumes, chaussures, chapeaux. Les maladies et les blessures étaient soignées ou dissimulées par quelque artifice. Hommes et femmes étaient séparés et classés selon leur prix, leur couleur de peau et leur taille. Un prix était fixé pour chacun.

Le marchand présentait ses captifs dans les termes les plus flatteurs : « excellent travailleur », « remarquable cuisinière », « coiffeur de premier ordre », « cueilleur de coton comme pas un », « cocher sûr et sobre » et étourdissait les clients d'un boniment mille fois répété. Dans ces lieux de vente, les fantasmes raciaux s'exprimaient librement, dans une atmosphère pesante de maquignonnage et de voyeurisme.

La plupart des esclaves étaient vendus de gré à gré. Mais quelques-uns étaient négociés au moyen d'enchères : c'était le cas lorsqu'une plantation était saisie pour dettes et que les créanciers vendaient tout, y compris les esclaves, aux plus offrants. Pendant plusieurs jours, ceux-ci étaient exposés aux acheteurs potentiels avant d'être mis aux enchères, généralement le samedi. Le prix des captifs dépendait de leur âge, de leur sexe, de leur apparence physique, de leur docilité, de leur savoir-faire. Ils étaient classés en catégories standardisées : « extra », « première qualité », « ordinaire », mais chacun avait un prix personnalisé.

Tel gaillard de 20 ans, réputé pour sa forte tête, était vendu moins cher qu'un autre, moins solide mais plus obéissant. Un bon forgeron ou un menuisier habile étaient plus coûteux qu'un travailleur des champs car ils possédaient des savoir-faire techniques recherchés et rentables.

En cas de tromperie sur la marchandise ou de vice caché, par exemple un esclave chroniquement malade ou un fugitif incorrigible, les acheteurs mécontents pouvaient se retourner contre le marchand et exiger d'être remboursés. D'ailleurs, les esclaves étaient souvent vendus à l'essai, avec reprise garantie s'ils ne donnaient pas satisfaction.

Les clients étaient exclusivement des hommes : il n'était pas convenable pour une femme de fréquenter ces lieux de vente. Ils pouvaient examiner les esclaves à loisir et négocier un prix de vente. Les acheteurs expérimentés savaient évaluer les corps : ils faisaient déshabiller les esclaves, observaient et palpaient leurs attaches, leurs muscles, leurs dents, leur peau, leurs yeux, à la recherche du moindre symptôme maladif ou de la moindre blessure invalidante. On craignait surtout la tuberculose, la fièvre jaune et l'épilepsie. Les planteurs de coton prêtaient une attention particulière aux doigts, qui devaient être suffisamment longs et habiles pour cueillir le coton. On évaluait les capacités procréatrices des jeunes femmes, occasion de regards et de propos concupiscents. On n'avait garde, enfin, d'oublier les dos, à la recherche des cicatrices du fouet, trahissant un caractère rebelle.

Des médecins spécialisés prêtaient leur concours aux acheteurs, soit directement, soit par l'intermédiaire de publications comme la *DeBow's Review*, destinée aux planteurs et qui fournissait quantité d'informations médicales et anthropologiques sur la « race nègre ». Le docteur Samuel Cartwright, une autorité en la matière, avait défini deux maladies particulières aux esclaves : la *drapetomania*, la maladie de ceux qui s'enfuient, et la *dysesthaesia ethiopica*, la maladie de ceux qui n'obéissent pas… Puisque l'esclavage était consubstantiel à la race noire, toute tentative d'y échapper était considérée comme une déviance psychiatrique.

La couleur de peau était également l'objet de nombreuses théories sur les captifs : pour le travail aux champs, on donnait la préférence à celles et ceux qui avaient la peau la plus noire, supposés être les plus robustes ; tandis que les travaux artisanaux ou le service à la maison demandaient si possible des personnes à la peau plus claire, censées être plus fragiles mais plus intelligentes. Si, en général, les artisans avaient effectivement la peau moins foncée que les travailleurs des champs, c'est parce que les maîtres assignaient à chacun, dès son enfance, des tâches définies par sa couleur de peau… La taxinomie raciale était donc élaborée par les maîtres eux-mêmes, et elle justifiait ensuite le classement professionnel des uns et des autres.

Quant aux esclaves les plus clairs de peau, ils n'étaient pas recherchés car leurs possibilités de fuite étaient facilitées : « *too white to keep* », « trop blanc pour être gardé », disaient les clients.

L'acquisition d'un esclave n'était pas toujours motivée par l'utilité économique de celui-ci : il pouvait aussi s'agir d'un achat somptuaire, d'un cadeau d'anniversaire, d'un souci de distinction sociale. Certains médecins en achetaient pour pratiquer des expériences médicales. Celui qui acheta John Brown voulait trouver un remède contre les coups de soleil, et Brown dut donc se soumettre à diverses expériences dermatologiques[4].

L'achat pouvait aussi répondre à des sentiments paternalistes : arracher des captifs à l'infâme marché pour les traiter « humainement » était un objectif recherché dans les cercles éclairés des grandes villes – mais il n'était pas pour autant question de les affranchir. Parfois, des jeunes filles étaient vendues au prix de deux ou trois esclaves « extra » en raison de leur beauté et des services sexuels qui leur seraient imposés.

Quelles que fussent ses intentions, le client entendait satisfaire un ensemble de besoins, mais aussi de désirs par l'achat d'un être humain. Au fond, toute la société sudiste blanche était esclavagiste, y compris la majorité des Blancs qui ne possédaient pas d'esclaves. Presque tous les Blancs du Sud, à la campagne comme à la ville, possédaient des esclaves ou, le plus souvent, en rêvaient. Tous comprenaient qu'être « blanc » n'était pas seulement un fait mélanique de naissance mais un statut social construit ou renforcé par la possession d'esclaves. Si l'esclavage était bien l'institution dominante du Sud, c'est parce qu'il était au fondement des identités et des hiérarchies sociales.

Les clients posaient des questions aux esclaves afin d'évaluer leur savoir-faire et leur docilité : « Quel âge as-tu, mon garçon ? », « Dis-moi, Betty, sais-tu coudre ? » Sous l'œil suspicieux du marchand, le captif répondait de manière contrainte : après le départ du client, le fouet l'attendait en cas de réponses inconsidérées. Cependant, l'esclave pouvait moduler sa réponse en fonction du client. En quelque sorte, les esclaves avaient leur mot à dire dans leur propre vente. Certains y participaient même activement en interpellant un maître de bonne réputation pour vanter leurs propres qualités. Ils pouvaient aussi demander qu'on les achète avec leur famille, ou encore se comporter d'une manière insatisfaisante pendant la période d'essai. Combien de cuisiniers, encensés par les marchands, se révélèrent incapables, sous la férule d'un maître abhorré, de préparer des repas comestibles ? Combien de cochers subitement sourds, de charpentiers épileptiques et de claudications soudaines parmi les travailleurs des champs ? Tous les subterfuges étaient bons pour être renvoyé au marchand, même si cela s'accompagnait en prime de coups de fouet. Une forme de négociation triangulaire – et inégalitaire bien sûr – s'établissait donc entre le marchand, l'acheteur et l'esclave.

Dans tous les aspects de leur vie, les esclaves n'étaient finalement jamais de simples marionnettes manipulées par les maîtres. Non seulement ils pensaient, parlaient, aimaient dans un monde social propre – qui a fait l'objet de travaux historiens majeurs depuis les années 1970 –, mais ils influaient sur le système esclavagiste lui-même : le maître choisissait ses esclaves et, dans des limites évidemment plus étroites, les esclaves « choisissaient » leurs maîtres. Cela n'invalide en rien la cruauté essentielle de l'esclavage, mais permet de mieux comprendre l'institution particulière.

Il faut enfin ajouter que les esclaves résistaient : soit par des actes de sabotage, soit par la fuite, soit par le suicide. Les suicides n'étaient pas rares au moment de l'annonce d'une vente, d'une séparation, ou peu de temps après l'installation chez un nouveau maître. De même la décision de fuir était généralement motivée par un changement dans les conditions du captif. Charles Peyton Lucas, un forgeron expérimenté, apprit par sa sœur que l'étranger venu l'observer et dîner avec le maître voulait l'acheter. Il s'enfuit le lendemain.

Même les dangers extrêmes de la fuite, avec les patrouilles spécialisées de chasseurs d'esclaves accompagnés de meutes de chiens féroces, la faim, la menace d'une punition sévère, voire d'une exécution pour l'exemple, ne décourageaient pas des milliers d'esclaves de fuir, tant la vie n'était plus supportable, ou encore la perspective d'être déportés dans le Sud profond. Beaucoup s'enfuyaient peu de temps après leur vente pour échapper à un maître ou à un régisseur particulièrement cruel. Les trois quarts des fuyards étaient des hommes. Les femmes, quant à elles, étaient souvent retenues par des enfants en bas âge, et elles étaient moins fréquemment vendues seules. Mais elles pouvaient cacher leurs enfants dans les environs en cas de menace de vente. De même, certains rebelles partaient dans les bois puis négociaient leur retour contre une promesse de non-vente.

Car les résistants n'étaient pas seuls : ils bénéficiaient de l'aide de la communauté, qui leur fournissait de la nourriture, des renseignements, parfois un abri. Nombreux étaient ceux qui quittaient nuitamment leur plantation pour rejoindre leur famille et leurs amis, parfois éloignés de plusieurs centaines de kilomètres. Les patrouilles le savaient bien, elles qui recherchaient en priorité les fugitifs dans leurs régions d'origine.

D'autres entamaient un long voyage vers le Nord, qui réclamait chance, astuce et résistance physique. Tous les moyens étaient bons : en 1838, Frederick Douglass utilisa les papiers d'un marin noir libre pour quitter Baltimore et voyager en train et bateau vers New York. Son autobiographie, grand classique des récits d'esclavage, devint un best-seller dès sa publication en 1845. Quelques-uns bénéficiaient de l'aide d'un réseau de soutien offrant gîte et couvert, le fameux *Underground Railroad*, le « chemin de fer souterrain », mais la plupart voyageaient sans aide organisée, à pied, de nuit, se méfiant de tout et de tous. Peu réussissaient : un millier chaque année, pour plusieurs dizaines de milliers de tentatives.

Une autre forme de résistance possible consistait à causer du tort aux maîtres : sabotage du matériel, détérioration de la récolte, vols divers, ralentissement de la cadence lorsque le régisseur s'éloignait, mauvaise interprétation des ordres, simulation de maladie...

Des confrontations physiques directes survenaient parfois lorsqu'un esclave se révoltait, blessait ou tuait le maître ou le régisseur. Le plus souvent, le rebelle prenait alors la poudre d'escampette, soit temporairement – pour permettre au Blanc de revenir à des dispositions plus paisibles –, soit pour toujours. La fréquence des fuites et des rébellions dément d'ailleurs les assertions, si courantes autrefois, sur un supposé « bien-être » des esclaves.

Le spectacle pitoyable des marchés d'esclaves, de femmes, d'hommes, d'enfants dévêtus sous le regard inquisiteur des clients, cessa avec la proclamation d'émancipation en 1863 et les derniers coups de canon de la guerre de Sécession en 1865. Auparavant, pendant deux siècles et demi, l'esclavage ne fut pas seulement un système de travail dans les plantations du Sud ; il fit aussi circuler intensément les êtres humains. Cependant, les esclaves n'étaient pas que des malheureux ballottés par une histoire sur laquelle ils n'avaient pas prise : eux aussi se déplaçaient, dans l'obscurité, pour rejoindre leur famille, pour quelques jours de liberté ou pour une vie tout entière à soi, pour échapper au fouet et au mépris, pour fixer des limites à l'oppression. C'est ce qu'exprime l'inoubliable negro-spiritual *Many Thousands Gone* : « *No more auction block for me / no more driver's lash for me/ no more peck of corn for me/ no more mistress call for me*[5]. »

La voix des esclaves

En France, c'est dans les années 2000 et à la lumière d'un débat public sur la mémoire que se sont multipliées les recherches sur les traites négrières, l'esclavage et les abolitions.

En l'espace de quarante ans, l'histoire de l'esclavage moderne s'est spectaculairement développée en France. Alors que, aux États-Unis, les années 1970 furent un âge d'or de ce domaine de recherche, avec la publication d'ouvrages majeurs qui mobilisaient de nouvelles archives portant sur les esclaves eux-mêmes plutôt que sur l'institution esclavagiste, du côté français, c'était le calme plat ou presque. On objectera à juste titre que les sources disponibles sur l'esclavage français n'ont pas la richesse des sources nord-américaines, mais l'argument ne justifie pas, à lui seul, ce contraste historiographique béant. On trouve pourtant dans le premier numéro de *L'Histoire* un compte rendu de l'ouvrage de Nathan Huggins, *Black Odyssey* (Pantheon Books, 1977), signé de Michel Fabre, suivi par deux articles sur l'esclavage dans les années 1980, mais la question restait très marginale. Cela était aussi vrai dans l'université française. J'ai rencontré à la fin des années 1980 des professeurs qui conseillaient à de futurs doctorants de ne pas se fourvoyer dans un domaine sans avenir professionnel. Michel Fabre, pour ce qui touchait la civilisation américaine, était une exception, lui qui sans relâche traduisait et enseignait l'histoire afro-américaine.

Et puis, changement net à partir des années 2000 : les articles dans *L'Histoire* se multiplient, y compris sous la forme d'un dossier consistant (« La vérité sur l'esclavage », en octobre 2003). Des ouvrages paraissent (comme *Les Traites négrières* d'Olivier Grenouilleau, publié en 2004 chez Gallimard), le Comité pour la mémoire de l'esclavage est créé en 2004 (qui devient le Comité pour la mémoire et l'histoire de l'esclavage en 2009), et le CNRS met sur pied un centre de recherche sur la question (le Centre international de recherches sur les esclavages et les post-esclavages, le Ciresc). Comment expliquer ce tournant ?

Comme bien d'autres domaines historiques, l'histoire de l'esclavage n'est pas indépendante des contextes politiques dans lesquels elle se déploie. Le mouvement pour les droits civiques, aux États-Unis, joua un rôle essentiel dans l'essor de l'histoire afro-américaine à partir des années 1960. En décrivant les stratégies de résistance politique et culturelle des esclaves, ainsi que leur *agency* (leur « capacité d'action »), les historiens américains suggéraient que le militantisme de leur temps s'inscrivait dans l'histoire longue des luttes afro-américaines. Rien de tel en France. Pourtant, dans les départements ultramarins, on vit aussi apparaître dans les années 1970 un intérêt pour l'histoire de l'esclavage, qui faisait encore l'objet d'une occultation à la fois officielle et sociale. « Je recommande à chacun l'oubli du passé », déclarait le gouverneur de Martinique en 1848, une injonction officielle suivie d'effet.

Contre les discriminations

Chez les indépendantistes caribéens comme chez les Africains-Américains des États-Unis, l'intérêt pour l'histoire de l'esclavage valait en ce qu'il leur permettait de répondre à des questions identitaires refoulées et de comprendre des situations contemporaines de domination et de souffrance culturelle et sociale. Initialement regardé avec suspicion par les élites de couleur, qui y voyaient un rappel fâcheux d'épisodes de sujétion indignes, l'esclavage s'est progressivement imposé comme une ressource politique et un enjeu mémoriel. Le déplacement de la mémoire de l'esclavage des Antilles vers la métropole s'opéra grâce à la migration, pour y apparaître nettement dans les années 1990. L'enjeu mémoriel fusionna avec un autre courant, qui, pour des raisons différentes, avait lui aussi tardé à émerger sur la scène politique française : celui de la lutte contre les discriminations.

La jonction des mémoires blessées avec une demande de lutte plus importante contre les discriminations a caractérisé les fondements sociaux du renouveau historique sur l'esclavage français. Des continuités ont été établies entre des situations de domination passées et présentes. Il serait aisé de montrer le caractère réducteur de ces causalités historiques mais, s'il est simpliste de prétendre que les discriminations raciales contemporaines sont dues à l'ancien ordre colonial esclavagiste, il serait également peu honnête de prétendre qu'elles n'ont rien à voir avec lui. Les études postcoloniales, qui ont fait une entrée significative dans l'université française depuis quinze ans, invitent à réfléchir au maintien des structures de domination après l'esclavage, en proposant de ne pas considérer comme rigides et indépassables les frontières de l'abolition et de la décolonisation.

Le premier moment important fut le succès de la manifestation parisienne du 23 mai 1998, au cours de laquelle 40 000 personnes, pour l'essentiel des Ultramarins, célébrèrent avec force le 150e anniversaire de l'abolition de l'esclavage, par contraste avec des autorités publiques, discrètes sur le sujet. Dans la foulée, la loi Taubira du 21 mai 2001, reconnaissant l'esclavage comme crime contre l'humanité, fut l'autre moment essentiel, qui n'alla pas sans l'opposition de ceux qui ne voulaient pas entendre parler d'une prétendue « repentance ». La loi prévoyait en outre, dans son article 2, que les programmes scolaires devaient parler de traites et d'esclavage et que la recherche historique devait être développée. Cette loi a eu des effets considérables car elle institutionnalisait une demande sociale pressante. Patrick Weil, dans *Liberté, Égalité, Discriminations. L'« identité nationale » au regard de l'histoire* (Grasset, 2008), a justement écrit qu'elle fut une cérémonie républicaine d'inclusion dans la citoyenneté pour les descendants et descendantes d'esclaves. Elle conduisit aussi à une tentative de poursuites judiciaires, lorsqu'une association, le Collectif DOM, des Antillais, Guyanais, Réunionnais et Mahorais, attaqua en 2005 l'historien Olivier Grenouilleau devant le tribunal de grande instance de Paris pour avoir relativisé la nature de l'esclavage. Les lectures mémorielles (visant la reconnaissance) et historiques (visant la connaissance) de l'esclavage s'entrecroisent, se nourrissent, débattent, s'opposent sans discontinuer depuis lors, avec parfois des étincelles. À l'échelle internationale, l'Unesco, qui lança en 1994 le projet de la « Route de l'esclave », vaste programme international de recherche et d'enseignement sur la question, aiguillonna les initiatives nationales.

De la traite aux abolitions

Aujourd'hui, les publications francophones (y compris des traductions) sont nombreuses et témoignent d'un rattrapage bienvenu. On peut distinguer plusieurs courants parmi elles. Le premier, influencé par l'anthropologie, est celui qui centre le propos sur les esclaves plutôt que sur l'institution esclavagiste : *Voix d'esclaves français* sous la direction de Dominique Rogers (Karthala) et *Libres et sans fers. Paroles d'esclaves* de Frédéric Régent, Gilda Gonfier et Bruno Maillard (Fayard), parus tous deux en 2015, en sont des exemples récents. Dans le même registre, l'histoire des traites a été superbement renouvelée par

Marcus Rediker, auteur de *À bord du négrier* (Seuil, 2013) et des *Révoltés de l'Amistad* (Seuil, 2015), par contraste avec l'approche démographique qui a longtemps prévalu.

Un autre courant est celui de l'histoire globale, offrant des perspectives comparées sur les différents systèmes esclavagistes et traites. *Les Traites négrières*, d'Olivier Grenouilleau, s'inscrit dans ce registre, de même que *L'Esclave, la dette et le pouvoir* d'Alain Testart (Errance, 2001, réédité chez Gallimard en 2018 sous le titre *L'Institution de l'esclavage*).

Un troisième courant porte sur les abolitions, qui souligne le rôle joué par les esclaves eux-mêmes dans leurs libérations : *Plus jamais esclaves !* d'Aline Helg (La Découverte, 2016), propose une vaste synthèse des luttes pour la liberté menées par les esclaves, du XVe au XIXe siècle, et *Les Esclaves de la République* de Laurent Dubois (Calmann-Lévy, 1998).

Enfin, un quatrième courant concerne les mémoires et les legs de l'esclavage, travaillés dans *La Mémoire enchaînée* de Françoise Vergès (Albin Michel, 2006) et *L'Esclavage, du souvenir à la mémoire* de Christine Chivallon (Karthala, 2012).

Du côté mémoriel, l'inauguration par François Hollande du mémorial ACTe ou Centre caribéen d'expressions et de mémoire de la traite et de l'esclavage à Pointe-à-Pitre (Guadeloupe) en mai 2015 fut un moment notable : ce musée propose un parcours historique et artistique autour de la traite et de l'esclavage, ainsi qu'un espace de recherches généalogiques ouvert à tous les visiteurs. En France, les salles du musée d'Histoire de Nantes et du musée d'Aquitaine à Bordeaux, les sites de la « Route des abolitions » dans l'Est, montrent que le travail et la bonne volonté n'ont pas manqué, en dépit des résistances, renvoyant l'esclavage à une mémoire secondaire. Et chaque année, près de 200 événements locaux et régionaux commémorent les abolitions, en plus d'une cérémonie nationale le 10 mai. La création de la Fondation pour la mémoire de l'esclavage en 2019, présidée par Jean-Marc Ayrault, parachève la structuration institutionnelle de la question.

Il reste encore beaucoup à faire : des questions comme celle des réparations vont sans doute se poser avec une force nouvelle dans les années à venir, mais que de chemin parcouru depuis vingt ans !

II

« Moi, Nat Turner... »

« Armé d'une hachette, accompagné de Will, je suis entré dans la chambre de mon maître. On ne voyait rien. Je ne pus le tuer d'un seul coup, la hachette ricocha sur sa tête. Il bondit hors du lit et appela sa femme. Ce fut son dernier mot. Will l'abattit d'un coup de hache, et madame Travis, couchée, partagea son sort. » C'est ainsi que l'esclave rebelle Nat Turner raconte le massacre de son maître Joseph Travis et de sa famille dans la nuit du 21 au 22 août 1831.

Quelques semaines plus tard, le 11 novembre 1831 dans la matinée, un peu en dehors de la bourgade de Jérusalem (sud-est de la Virginie), Turner fut pendu à un chêne. Le journal *Norfolk Herald* précisa que le rebelle « ne montra aucune émotion, paraissait peu se soucier du sort affreux qui l'attendait et demanda même au bourreau de se dépêcher ». Son corps fut ensuite écorché, démembré, et son crâne conservé à titre de curiosité.

L'épisode laissa une trace vive dans les mémoires américaines : pour les partisans de l'esclavage, Nat Turner était un fanatique illuminé, un terroriste manipulé par les abolitionnistes, dont la révolte sanglante, quelques décennies après les funestes événements de Saint-Domingue, prouvait qu'il fallait serrer la vis dans les plantations. Aux yeux de nombreux esclaves, en revanche, il faisait figure de révolté héroïque – la mention de sa révolte est présente dans de nombreux récits autobiographiques d'esclaves –, une image positive qui trouva après la guerre de Sécession des échos dans les mouvements noirs nationalistes jusqu'aux Black Panthers des années 1960 et 1970.

Cette postérité tient pour bonne part à un document important : *Les Confessions* de Nat Turner, une brochure d'une vingtaine de pages publiée peu après la mort de Turner[1]. Il ne s'agit pas d'un texte écrit par l'esclave lui-même, mais de la retranscription, plus ou moins fidèle, de ses propos par un avocat du nom de Thomas Gray, qui l'interviewa en prison le 1er novembre 1831. Ces « confessions » servirent de point de départ à William Styron, qui publia en 1967 *Les Confessions* de Nat Turner, roman librement inspiré du texte de Gray[2].

Tout ce que l'on sait de la vie de Nat Turner se trouve dans le texte de Gray. Nathaniel, dit « Nat », naquit le 2 octobre 1800 dans le comté de Southampton en Virginie, une région où les esclaves étaient majoritaires. Comme d'usage, son nom de « Turner » venait de ses maîtres, les frères Benjamin et Samuel Turner.

Nat Turner, qui apprit à lire et à écrire par ses propres moyens (cela était interdit aux esclaves), fit dès son enfance preuve de grande intelligence et d'une foi si intense qu'elle fit croire, à lui et son entourage, qu'il deviendrait une sorte de prophète. Le jeune homme priait autant que possible, et écoutait l'esprit divin lui souffler qu'il avait une mission à accomplir. Son autorité religieuse en imposait. En 1831, un signe atmosphérique lui permit d'établir une date pour se soulever : le dimanche 21 août, jour de repos pour bon nombre d'esclaves. Cette date marquait aussi l'anniversaire du début de la révolution haïtienne (après la cérémonie du Bois-Caïman le 14 août 1791, les esclaves de Saint-Dominique se soulèvent dans la nuit du 21 au 22 août), ce qui illustre son influence majeure sur les révoltes d'esclaves du XIXe siècle.

L'après-midi du 21 août donc, Turner et six autres hommes se cachèrent un peu à l'écart de la plantation, attendirent deux heures du matin pour attaquer la maisonnée de Joseph Travis (qui avait acheté Turner un an auparavant). Le plan des insurgés consistait à courir de plantation en plantation pour tuer les maîtres, s'emparer d'armes et libérer les esclaves afin de constituer une armée de révoltés. C'est ce plan qui fut mis à exécution, en n'épargnant pas les enfants. Au passage, on mettait la main sur de l'argent, des bijoux, de l'alcool. La petite troupe d'une quinzaine d'hommes se déplaçait en silence dans la campagne, tuait sans bruit, pour ne pas alarmer. Environ soixante personnes furent assassinées par les esclaves révoltés.

L'excitation, la colère enfin libérée, le sentiment d'une mission divine, l'émulation fouettée par l'alcool peuvent expliquer la violence radicale dont ils firent preuve.

Mais Turner et ses hommes trouvèrent bientôt des maisons vides aux lits encore tièdes, ce qui signifiait que l'alerte avait été donnée. Les révoltés étaient désormais cinquante ou soixante, et s'approchaient de Jérusalem, avec chevaux, armes à feu, épées, haches et bâtons. Ils se heurtèrent alors à des hommes armés, ce qui, avec le jour qui se levait, ne présageait rien de bon pour eux. Les rebelles perdirent quatre des leurs dans l'affrontement, puis battirent en retraite jusqu'à passer la nuit dans un bois. Au matin du 23, les révoltés furent finalement dispersés, certains tués, la plupart arrêtés, quelques-uns dont Turner parvinrent à fuir et se cacher dans les environs.

Pendant deux mois, Nat Turner échappa aux recherches. Le 30 octobre, un fermier du nom de Benjamin Phipps le débusqua et l'arrêta. Le procès des révoltés se conclut par dix-huit condamnations à mort et quatorze bannissements. Turner plaida non coupable des accusations portées contre lui, à l'exception du meurtre d'une jeune fille.

Mais la justice officielle ne suffisait pas. Pendant plusieurs semaines, la répression s'abattit sur tous les esclaves, y compris ceux qui n'avaient pas participé à la révolte : deux cents, au moins, furent tués, lors d'actions de représailles qui s'étendirent jusqu'en Géorgie, bien au-delà du comté de Southampton. Leurs têtes décapitées étaient fichées sur des piques. La violence et ses formes d'exhibition avaient un objectif simple : terroriser la population esclave, lui montrer à quel point toute révolte était vaine.

L'équipée de Nat Turner n'était pas la première révolte d'esclaves aux États-Unis. Gabriel Prosser avait prévu en 1800 d'attaquer Richmond, la capitale de la Virginie. Une trahison permit l'intervention de la milice avant la mise à exécution du projet. En 1811 en Louisiane, plusieurs dizaines d'esclaves marchèrent deux jours vers La Nouvelle-Orléans, avant d'être stoppés par les milices. En 1822, Denmark Vesey, un ancien esclave et fondateur de l'African Methodist Episcopal Church à Charleston (cette Église a récemment été le lieu du meurtre de neuf Africains-Américains par un suprémaciste blanc), fomenta un vaste plan visant à libérer les esclaves de Caroline du Sud pour rejoindre ensuite Haïti. Mais le projet fut éventé, Vesey et plusieurs dizaines d'esclaves furent pendus.

Quels étaient les points communs à ces révoltes ? Leur première caractéristique est qu'elles se situaient dans des régions où les esclaves étaient majoritaires, ce qui conférait potentiellement aux insurgés l'avantage du nombre. Mais, à chaque fois, cet avantage se trouva annulé par deux éléments : d'une part la mobilisation rapide des forces de répression (en particulier les milices) ; d'autre part l'échec du soulèvement général de la population esclave, qui ne croyait pas au succès d'une révolte et préférait des actes de résistance moins flamboyants mais plus réalistes (fuites, sabotages). Ensuite, ces révoltes étaient sommairement préparées : la difficulté de communiquer entre esclaves de plantations différentes, la surveillance (y compris *via* des esclaves mouchards), rendait les plans précaires et susceptibles d'être éventés à n'importe quel moment. Les insurgés se lançaient dans l'action de manière hasardeuse – il aurait fallu d'extraordinaires concours de circonstances pour qu'une révolte ait quelque chance aux États-Unis. Enfin, le moment politique comptait aussi : en 1800, la révolution haïtienne et les idéaux proclamés de la révolution américaine n'étaient pas passés inaperçus dans les communautés esclaves des États-Unis. En 1831, le militantisme abolitionniste s'intensifiait à l'échelle internationale (la Grande-Bretagne abolit l'esclavage en 1833), ce qui favorisa des rébellions comme celle de Nat Turner ou la grande révolte de Jamaïque en 1831-1832. Prosser, Vesey, Turner savaient lire et écrire, étaient remarqués pour leur intelligence ; ils lisaient les gazettes et s'intéressaient à la situation générale de l'esclavage aux Amériques. En cela, ils étaient bien des militants abolitionnistes.

La révolte de Nat Turner sema un vent de panique chez les propriétaires d'esclaves du sud des États-Unis. Même si elle fut écrasée, elle donna le sentiment que l'esclavage, dans cette région, était vulnérable, non pas seulement en raison des abolitionnistes du Nord, mais aussi parce que les esclaves eux-mêmes faisaient entendre leur voix, murmuraient dans le dos des maîtres, s'assemblaient la nuit. Un nombre accru d'esclaves, particulièrement ceux des États limitrophes du Nord (Virginie, Kentucky), s'enfuyaient, grâce au fameux *Underground Railroad*, synonyme de liberté. Les partisans de l'esclavage réagirent durement en faisant voter en 1850 le *Fugitive Slave Act*, qui permettait aux chasseurs d'esclaves d'opérer librement sur tout le territoire américain, ce qui eut finalement pour effet de renforcer la détermination du camp abolitionniste. En 1831, l'esclavage du sud des États-Unis n'était pas encore à l'agonie, tant s'en fallait. Mais Turner et les autres révoltés lui avaient porté les premiers coups.

III

Lincoln, chef de guerre

C'est l'élection de Lincoln qui déclencha la sécession du Sud et bientôt la guerre. Promu commandant en chef par les circonstances, le président sut surtout accompagner de main de maître le processus essentiel en jeu : l'abolition de l'esclavage.

« Il n'y a pas grand-chose à dire de moi », écrivait Abraham Lincoln en 1859, en quelques lignes lapidaires de présentation autobiographique. Or deux ans après le bicentenaire de sa naissance, en 1809, et cent soixante ans après les premiers coups de canon de la guerre de Sécession, en avril 1861, l'intérêt pour le seizième président des États-Unis, dont le mandat se confond avec la guerre, ne faiblit pas, bien au contraire. On dit que 10 000 livres ont été écrits sur lui depuis sa mort, en 1865, soit plus que sur tous les autres présidents américains réunis. Lincoln semble le sujet le plus rebattu de l'histoire des États-Unis, avec ses moments éditoriaux exacerbés, comme dans les années 1930 et 1940, lorsqu'un historien parlait imprudemment du « sujet le plus épuisé » de l'histoire de son pays, ou encore depuis une quinzaine d'années[1].

En effet, depuis le milieu des années 1990, ouvrages et articles sur Lincoln se sont multipliés, avec en particulier la biographie de référence de David Herbert Donald et celles, récentes, de Michael Burlingame et James McPherson[2]. Environ trois cents livres universitaires ont été publiés sur Lincoln depuis 1995, tirant parti de sources nouvelles ou renouvelées, explorant des aspects spécifiques comme sa vie avant l'élection à la présidence, sa mémoire et ses usages politiques, ses relations avec les élus du Congrès, sa sexualité, son état dépressif, etc. Barack Obama, qui prêta serment sur la bible de Lincoln en janvier 2009 et confia à quel point il était inspiré par son action et son verbe, a aussi contribué à faire de lui une figure révérée, transcendant les clivages politiques et ne laissant de côté que quelques Sudistes « ultras » aux haines recuites. À Washington, le Ford's Theatre, où Lincoln fut assassiné le 14 avril 1865, vient d'être superbement rénové, tandis que le Musée national de la médecine expose la balle du pistolet Derringer qui lui fracassa le crâne, en compagnie de fragments d'os et d'une touffe de cheveux, telles des reliques sacrées.

La présidence de Lincoln fut presque entièrement définie par la guerre. Certes, d'autres présidents américains furent occupés par les conflits, du premier, Washington, jusqu'à Obama, en passant par Madison, Polk, Wilson, Roosevelt, Truman, Johnson et Bush.

Mais Lincoln ne connut pratiquement pas la paix, et, du premier au dernier jour de son mandat, il se consacra à la conduite du conflit. Dans le même temps, sa représentation des objectifs de la guerre changea progressivement.

Les objectifs de la guerre et la conduite des opérations militaires : telles sont les questions qui forment deux des lignes conductrices principales de l'historiographie récente de la présidence Lincoln.

Les historiens américains en débattent depuis un siècle : Lincoln avait-il pour objectif premier, au début de la guerre de Sécession, de maintenir l'unité du pays ou d'abolir l'esclavage, et comment se représentait-il les liens entre les deux questions ? Les ouvrages récents de George Fredrickson et Eric Foner font le point de manière nuancée à ce sujet[3]. Il est clair que Lincoln était par principe moral et politique opposé à l'esclavage, ce qui ne signifie pas qu'il souhaitait son abolition immédiate et sans conditions. Lincoln aimait à citer les Pères de la Constitution américaine, qui considéraient que l'esclavage devait s'éteindre graduellement, qu'il fallait limiter son développement vers l'ouest, mais qu'il ne fallait pas le supprimer immédiatement pour ne pas mettre l'économie de plantation à terre. Cette position « gradualiste » se distinguait de celle des abolitionnistes les plus ardents en ce que Lincoln estimait que l'esclavage ne pouvait être supprimé dans l'immédiat, et des esclavagistes en ce qu'il refusait son essor dans le Missouri et au-delà.

Une « injustice monstrueuse »

Dans son célèbre discours de Peoria, prononcé en octobre 1854 pour dénoncer la loi « Kansas-Nebraska » laissant aux habitants de ces territoires le soin d'y autoriser ou non l'esclavage, Lincoln dénonça l'« injustice monstrueuse que constitue l'esclavage » et ajouta que « notre toge républicaine est souillée et traînée dans la poussière. Repurifions-la... Ôtons à l'esclavage sa prétention à reposer sur un droit moral et limitons-le à nouveau à la base légale de ses droits existants et à l'argument de la nécessité ». Cela ne signifiait pas, aux yeux de Lincoln, que Noirs et Blancs étaient égaux. « Que faire alors ? Les libérer et en faire, politiquement et socialement, nos égaux ? Mes propres sentiments s'y refusent, et, s'ils s'y prêtaient, on sait bien que la grande masse des Blancs ne partageraient pas cette option »[4].

Les historiens, comme James McPherson, qui insistent sur les principes du « grand émancipateur », considèrent que ses rares remarques racistes étaient des concessions politiques pragmatiques, qui ne remettent pas en cause sa vision universaliste de l'humanité. L'ancien esclave Frederick Douglass estimait que Lincoln était dépourvu de préjugés racistes et qu'il lui parlait sans jamais lui faire sentir qu'il était noir[5]. D'autres historiens, comme George Fredrickson, estiment plutôt que Lincoln était tout de même très empreint des préjugés de son temps, qu'il est erroné de le considérer comme un « ami des Noirs » et que son opposition à l'esclavage était d'abord motivée par son souci de préserver l'unité nationale. George Fredrickson résume la position de Lincoln par une formule qui a fait mouche : il considérait les Noirs comme « des hommes, mais pas des frères[6] ».

En 1854, Lincoln n'était pas un inconnu en politique puisqu'il avait déjà exercé plusieurs mandats, dont celui de représentant de l'Illinois au congrès fédéral, entre 1846 et 1848. Mais à partir de la fin 1854, précisément sur la question de l'extension de l'esclavage, son engagement en politique s'affermit et devint définitif, même s'il conserva son métier d'avocat jusqu'en 1860. Cet homme sans éducation formelle, grand lecteur autodidacte, né d'une famille pauvre du Kentucky, était devenu avocat à la force du poignet, et son éloquence comme sa stature lui avaient taillé une réputation locale dans la région de Springfield, la capitale de l'Illinois.

Le parti whig, dont Lincoln était membre, rassemblait les élites modernisatrices, la classe moyenne commerçante et les fermiers aisés. Il se fractionna irrémédiablement à partir de 1854 entre partisans et adversaires de la loi « Kansas-Nebraska », de telle sorte que vers 1856 ce parti avait cessé d'exister en pratique. Certains whigs se rapprochèrent des Démocrates partisans de l'esclavage ; d'autres fondèrent le Parti républicain en juillet 1854 avec pour principe le « *free labor, free land, free men* », « travail libre, terre libre, hommes libres ». C'est ce nouveau parti que Lincoln rejoignit logiquement, et où il s'imposa, échouant de peu à la candidature à la vice-présidence en 1856 avant de devenir candidat à la présidence en 1860.

La campagne sénatoriale de 1858, au cours de laquelle Lincoln affronta en vain le sortant démocrate Stephen Douglas, lui conféra une dimension nationale : sa dénonciation éloquente du « pouvoir esclavagiste », son discours sur la « maison divisée [qui] ne peut tenir debout » impressionnèrent. En dépit de ses cheveux hirsutes, de ses costumes mal taillés, de son allure assez étrange et surtout des craintes de sécession s'il était élu à la Maison-Blanche, Lincoln était l'homme de la situation aux yeux des Républicains.

Il était évident pour les Américains que c'était la question principielle de l'esclavage, et pas seulement celle de son extension vers l'ouest, qui se trouvait en jeu dans l'élection présidentielle, même si Lincoln se défendait de vouloir abolir l'« institution particulière ». Au vrai, dès l'élection de Lincoln acquise, lui qui n'était même pas en lice dans dix États du Sud, les États esclavagistes se préparèrent à quitter l'Union. Ce fut le cas dès le 20 décembre avec la Caroline du Sud, suivie par six autres États le 1er février 1861 : Floride, Alabama, Mississippi, Géorgie, Louisiane, Texas, formant la Confédération des États d'Amérique le 4 février avec Jefferson Davis à sa tête. Dans les deux mois qui suivirent, quatre autres États rejoignirent la Confédération : Arkansas, Caroline du Nord, Tennessee et surtout la riche Virginie[7].

L'abolition comme objectif

Si la guerre de Sécession s'était rapidement conclue par une victoire des armées nordistes, par exemple après la bataille sanglante des « Sept Jours » en juin-juillet 1862, il est probable que l'esclavage eut été maintenu en l'état dans le Sud pour un temps indéterminé, quitte à être strictement limité à celui-ci. Mais la prolongation du conflit transforma les objectifs de guerre des nordistes : d'une guerre de restauration de l'Union, elle devint progressivement une guerre révolutionnaire visant à renverser l'ordre social du Sud. À partir de 1862, les Républicains modérés, dont Lincoln lui-même, prêtèrent une oreille plus attentive et bienveillante aux abolitionnistes. « Tu ne peux pas t'imaginer à quel point l'opinion a pu changer ici [à Washington] sur la question des Noirs », écrivait le sénateur Sherman à son frère, général, le 24 août 1862.

Lincoln, toujours aussi prudent, proposait en mars 1862 d'aider financièrement les États du Sud décidant l'abolition progressive ; en juillet, il était certainement convaincu de la nécessité d'abolir de force l'esclavage, mais il hésitait à le proclamer publiquement, de telle sorte qu'il se trouva sous le feu croisé des abolitionnistes radicaux, qui le traitaient de « lavette », et des Démocrates, qui mettaient en garde contre la libération des « demi-sauvages » et leur déferlement dans le Nord.

Pour ne pas sembler agir par contrainte, le président attendait une victoire de ses armées : l'occasion survint après la bataille victorieuse d'Antietam, à la mi-septembre 1862, qui repoussa hors du Maryland les troupes du général Lee. Lincoln annonça à son cabinet qu'il avait conclu un « pacte avec Dieu » : si les États rebelles ne réintégraient pas l'Union au 1er janvier 1863, il proclamerait leurs esclaves « libres à tout jamais ». Cette annonce officialisa le tournant abolitionniste de la guerre.

Dans l'immédiat, elle avait pour avantage d'encourager les esclaves à aider le Nord, à déserter le Sud confédéré, et pour inconvénient de susciter des oppositions chez les Démocrates qui dénoncèrent « le chemin "robespierresque" vers la tyrannie ». Lincoln allait-il mettre sa promesse à exécution, alors que les élections de l'automne n'avaient pas été favorables à son camp ?

Plusieurs travaux récents ont montré que les habitants du Nord étaient plutôt favorables à l'abolition, moins en raison de principes moraux que comme moyen d'affaiblir le Sud[8]. D'une manière générale, l'abolitionnisme s'appuyait, aux États-Unis et ailleurs, sur un ensemble d'arguments divers ne relevant pas nécessairement de l'universalisme des droits humains. Pour autant, on s'inquiétait d'un déplacement possible de la population noire vers des États frontaliers comme l'Illinois, qui renouvela son interdiction d'entrée aux gens de couleur.

Le « grand émancipateur »

Lincoln ne faiblit pas et, le 1er janvier 1863, comme annoncé, il signa la Proclamation d'émancipation. Celle-ci ne concernait que les esclaves des États sécessionnistes, et pas ceux des États esclavagistes fidèles à l'Union : Missouri, Maryland, Virginie-Occidentale et Delaware, ou en passe d'être conquis par elle comme le Tennessee. Certains historiens, en particulier Lerone Bennett, très sévère sur Lincoln, y ont vu une forme d'hypocrisie de sa part, puisqu'il libérait des esclaves de régions hors de son pouvoir[9]. D'autres, majoritaires, ont insisté sur la dynamique enclenchée par la proclamation : l'enrôlement possible de soldats et marins noirs sous la bannière de l'Union à des postes de soutien – en rupture avec les réticences présidentielles sur le sujet au début de la guerre. En dépit des risques, y compris celui d'être faits prisonniers et massacrés par les soldats du Sud, les esclaves en fuite rejoignaient les lignes de l'Union, désertant les plantations et désorganisant l'économie du Sud. L'esclavage se délita donc bien avant la cessation des hostilités. C'était bien l'objectif de Lincoln[10]. De fait, celui-ci devint l'un des plus vifs partisans des régiments de couleur, admirant leur ardeur au combat et se réjouissant de l'effet qu'ils produisaient sur les Sudistes. Les régiments noirs avaient en effet rapidement été mis en première ligne, comme lors de l'assaut contre Fort Wagner en juillet 1863, lorsqu'un régiment noir héroïque fit la une de la presse nordiste.

Les élections de 1863 confirmèrent la progression des idées abolitionnistes dans le Nord, de telle sorte que Lincoln s'enhardit à réaffirmer l'objet de la guerre dans son fameux et bref discours de Gettysburg, le 19 novembre 1863, prononcé à l'occasion de l'inauguration d'un cimetière national sur le champ de bataille. Il y est question non point seulement de sauvegarder l'Union, mais de réaffirmer le principe de liberté.

Début 1864, Lincoln était encore indécis au sujet des droits politiques des affranchis, d'autant qu'il se préparait à l'élection présidentielle de la fin de l'année : il s'attendait à être accusé de préférer l'émancipation à la paix, alors que les nouvelles du front n'étaient pas bonnes. Lincoln était traité par la presse démocrate de « faiseur de veuves » et de roitelet africain, « Abraham Ier l'Africain » dont « le sang noir souille ses veines ».

Mais la prise d'Atlanta par l'armée de Sherman, le 2 septembre 1864, rétablit la situation politique de Lincoln : saluée par la presse nordiste comme un tournant de la guerre, elle faisait de la victoire du Nord une possibilité prochaine et vraisemblable, ce qui plaça le général McClellan, candidat démocrate, dans une situation difficile, lui qui prônait une paix sans victoire. Lincoln fut donc assez aisément réélu, notamment grâce au vote des « tuniques bleues », qui voulaient majoritairement conclure la guerre par la victoire plutôt que par un armistice médiocre qui aurait rendu vain le sacrifice des camarades[11].

Avec la réélection de Lincoln, le Sud confédéré ne pouvait plus espérer grand-chose, ni la victoire militaire, ni le compromis politique. Lincoln était décidé à faire ratifier le 13e amendement, qui abolirait l'esclavage. Pour obtenir une majorité de voix au Congrès, il rallia à sa proposition quelques voix démocrates, qui se joignirent aux Républicains pour voter l'abolition le 31 janvier 1865, dans une atmosphère de liesse.

Si prudent sur la question de l'esclavage à son entrée en fonction, Lincoln était progressivement devenu, par les circonstances de la guerre mais aussi par une évolution personnelle, une réflexion intense et parfois tortueuse, un homme déterminé à éliminer l'esclavage, fût-ce au prix d'un prolongement du conflit : « Si Dieu veut qu'il se prolonge, jusqu'à ce que toutes les richesses accumulées au cours des deux cent cinquante années de travail forcé aient été anéanties, jusqu'à ce que chaque goutte de sang qu'a fait couler le fouet soit payée par une autre qu'aura tirée l'épée, il faudra dire alors comme il a été dit voilà trois mille ans : “Les jugements du Seigneur sont absolument vrais et justes”[12]. »

La guerre, cependant, ne se prolongea guère au-delà de sa réélection, de telle sorte que l'esclavage fut dans les faits partout aboli dès avril 1865. Quant au droit de vote, sans aller jusqu'à l'accorder à tous les affranchis, Lincoln le souhaitait pour les anciens combattants, peut-être aussi pour ceux qui savaient lire et écrire, soit une très petite minorité d'anciens esclaves. Était-ce une manière d'affirmer de nouveau la priorité du rétablissement de l'Union aux dépens des esclaves ou allait-il aller au-delà, comme l'espéraient les Républicains radicaux, tant le président avait changé en quelques années, et accorder la citoyenneté pleine et entière à tous ? Il y a débat : à supposer que Lincoln sortit de la guerre persuadé que Blancs et Noirs étaient absolument égaux, ce qui n'est pas certain, il voulait éviter d'humilier le Sud défait par une proclamation trop radicale. En dépit de ces incertitudes, beaucoup d'historiens s'accordent pour dire que la guerre de Sécession engagea un processus révolutionnaire qui n'alla pas à son terme après-guerre, processus mené de main de maître par un homme qui ne s'y était pas préparé et qui ne l'avait sans doute pas prévu, mais qui comprit la portée historique de sa présidence.

L'Union peu armée pour la guerre

Au moment de son élection à la Maison-Blanche, en effet, les observateurs doutaient des capacités de Lincoln à diriger un pays en guerre – et c'est le deuxième aspect du renouvellement historiographique concernant Lincoln, celui de la conduite des opérations militaires. Son expérience politique était limitée, lui qui n'avait été que législateur de la Chambre de l'Illinois et de la Chambre fédérale pendant deux ans.

Quant à son expérience militaire, elle était anecdotique, puisqu'il avait servi trois mois dans la milice de l'Illinois lors de la guerre contre les Indiens Black Hawks, au printemps 1832, sans être exposé au combat, ce dont il aimait lui-même plaisanter. Jefferson Davis, par contraste, semblait bien mieux armé : le président de la Confédération était un ancien officier formé à West Point, qui avait combattu pendant la guerre du Mexique (1846-1848), avait occupé les fonctions de ministre de la Guerre et qui se faisait fort d'infliger une sévère leçon à « Abraham Ier ».

Dans les tout premiers temps de sa présidence, la démarche de Lincoln ne fut en rien martiale. Il ne ménagea pas ses efforts pour établir un compromis avec les Confédérés, en soutenant l'amendement mort-né « Corwin », du nom de son initiateur, garantissant le maintien de l'esclavage dans les États où il était légal. Dans le même esprit, son discours d'inauguration présidentielle, le 4 mars 1861, était conciliant, assurant aux Confédérés qu'il ne prendrait pas l'initiative d'un conflit armé contre eux. Certains historiens y ont vu une erreur d'appréciation du nouveau président, qui aurait estimé que les Confédérés bluffaient et qu'ils n'auraient pas mis leurs menaces belliqueuses à exécution ; d'autres, plus récemment, ont considéré qu'il s'agissait plutôt d'une habileté tactique de Lincoln, qui ne voulait pas prendre l'initiative d'une attaque et cherchait à gagner du temps. Quoi qu'il en fût, le nouveau président, qui devait très rapidement prendre des décisions importantes, n'était pas prêt à faire la guerre, et il n'était pas le seul dans son camp[13].

La structure militaire de l'Union était embryonnaire, et aucunement comparable à ses homologues européennes. Les observateurs européens étaient effarés par la pagaille qui régnait dans l'armée nationale au printemps 1861. Composée de 16 000 hommes, l'armée américaine était répartie en 79 garnisons éparpillées dans l'Ouest. Une bonne partie de ses meilleurs officiers étaient passés au service de la Confédération, comme le Virginien Robert Lee, ou avaient démissionné de l'armée, découragés par l'ennui et des carrières bloquées. C'était le cas de William Sherman, capitaine reconverti dans la banque en 1853.

Fusils et artillerie stockés dans les arsenaux fédéraux étaient anciens et imprécis. Il n'existait pas d'état-major interarmes, et les notions de stratégie ou de programme de mobilisation étaient inconnues. Lincoln fut en quelque sorte son propre chef d'état-major, un poste qui fut créé en 1903 par Theodore Roosevelt, ce qui le conduisit à s'impliquer de près dans les opérations militaires.

Commandant en chef

Certes, en vertu de ses pouvoirs constitutionnels, le président était le commandant en chef des armées mais il n'était pas supposé suivre le détail des opérations militaires. Lincoln emprunta des ouvrages de tactique militaire à la bibliothèque du Congrès pour mieux discuter avec ses généraux les plans qu'ils lui soumettaient. Ses ministres de la Guerre successifs s'occupaient du ravitaillement et de la mobilisation, dans l'ombre du président. Celui-ci conduisit la guerre avec détermination, et même, comme l'explique James McPherson, une compétence stratégique qui surpassait celle de ses généraux.

La situation militaire alarmante de l'Union donna toute confiance aux Confédérés, sûrs de leur bravoure, méprisants à l'égard de « Yankees » décrits comme aptes aux affaires mais incapables de se battre courageusement. De fait, ce fut dans les premiers mois de la guerre, pendant l'été 1861, que la Confédération obtint un réel avantage militaire face à la désorganisation de l'adversaire. La première bataille de Bull Run, le 21 juillet 1861, baptême du feu auquel assistait le Tout-Washington, se termina par une débandade des soldats nordistes, ce qui poussa Lincoln à accélérer la mobilisation.

75 000 hommes avaient été initialement mobilisés pour un service de trois mois ; on passa à 500 000 hommes pour trois ans. Surtout, ce que le président avait prévu, une guerre limitée avec des moyens restreints pour mater l'insurrection sans détruire le Sud, était désormais obsolète. Lincoln comprit rapidement qu'il lui fallait réorganiser au plus vite ses armées dans la perspective d'une guerre longue et meurtrière. Plus le temps passa, plus l'avantage initial des Confédérés fondit, au fur et à mesure que

les problèmes d'approvisionnement de l'armée sudiste s'accrurent, et que les forces « bleues » s'organisaient et mettaient à profit l'appareil industriel du Nord.

À la manœuvre

D'un point de vue militaire, le président devait composer avec, d'un côté, la prudence de ses généraux, échaudés par des défaites cinglantes, qu'il poussait à agir, félicitait, admonestait, limogeait, et d'un autre côté des élus républicains au Congrès, la presse républicaine et une partie de la population qui réclamaient la guerre à outrance. Il lui fallait aussi veiller aux soutiens politiques, y compris celui des Démocrates, ce qui pouvait aller jusqu'à promouvoir au grade de général des élus influents du Congrès, des « généraux politiques ». En somme, pour tous, la préparation à la guerre se fit par la guerre.

Lincoln fut un bon stratège en ce sens qu'il comprit suffisamment rapidement que le Nord aurait l'avantage militaire en multipliant les attaques simultanées : la « concentration dans le temps » pour déjouer la supériorité militaire du Sud, qui, lui, avait intérêt à la « concentration dans l'espace ». Le problème, d'après James McPherson, est que les généraux nordistes, à l'exception de Grant, ne comprirent pas bien et n'appliquèrent pas la stratégie de Lincoln. Cela peut expliquer le nombre étonnant de généraux limogés par le président, mais laisse en l'état la question de leur infériorité tactique face aux généraux sudistes. Tous avaient pourtant été formés de la même manière, par l'étude des textes du général napoléonien Jomini. Mais Jomini était mieux adapté aux moyens et à la stratégie du Sud, gagner des batailles pour imposer un armistice favorable, tandis que le Nord avait besoin de « clausewitziens », c'est-à-dire de généraux visant à détruire les forces ennemies ce qui était le cas de Grant et Sherman, plutôt qu'à le repousser.

Lincoln n'attendait pas seulement des victoires d'occupation du terrain, mais d'anéantissement de l'ennemi, et il protégeait politiquement ceux qui agissaient selon ses ordres et s'en sortaient sur le champ de bataille. Après la bataille de Shiloh, en avril 1862, pourtant gagnée par les Nordistes au prix de pertes effrayantes, le général Grant fut accusé d'avoir été surpris par l'ennemi. Sa réputation d'alcoolique était pointée du doigt, mais Lincoln lui conserva néanmoins sa confiance : « Je ne peux pas me passer de cet homme ; il se bat », rétorqua-t-il. Par contraste, à l'issue de la bataille de Gettysburg, début juillet 1863, l'armée défaite de Lee parvint tout de même à traverser le Potomac pour se replier en Virginie : « Notre armée tenait l'issue de la guerre dans le creux de sa main et elle n'a pas voulu le refermer », enragea Lincoln.

Au moyen de télégrammes envoyés depuis un bureau du ministère de la Guerre, Lincoln était à la manœuvre et attendait qu'on lui obéît. Il consacrait des heures à lire et préparer ses télégrammes, qui lui permettaient d'intervenir très rapidement tout en surveillant plusieurs fronts en même temps. Tom Wheeler a publié certains des télégrammes de Lincoln, demandant par exemple des nouvelles d'une action engagée une demi-heure plus tôt[14].

Lincoln répugnait aux déplacements sur le front. Il pouvait néanmoins s'y prêter lorsqu'il souhaitait rencontrer en personne un général, comme McClellan après la bataille d'Antietam, en septembre 1862, pour lui ordonner – en vain – de poursuivre son attaque. Peu après, le trop prudent McClellan fut relevé de son commandement. La seule visite présidentielle au cours d'une bataille survint le 12 juillet 1864, à proximité de Washington, défendue par le fort Stevens. Le président en haut-de-forme se dressa de manière intrépide au-dessus du parapet, exposé à l'ennemi. « Baissez-vous donc, espèce d'abruti, si vous ne voulez pas être touché », lui aurait ordonné le jeune capitaine Oliver Wendell Holmes.

À partir de 1864, la stabilisation de la structure militaire nordiste avec Grant, général en chef désormais incontesté et lui aussi grand utilisateur de télégrammes, permit à Lincoln de prendre un peu de recul sur les affaires militaires et de consacrer du temps à sa campagne de réélection puis à la préparation de l'après-guerre. Même si l'esclavage était désormais condamné, les conditions d'une capitulation du Sud se posaient. Lincoln souhaita tout de même être présent sur le front à la fin du conflit, ce qui l'amena à Richmond, la capitale confédérée qui venait de tomber, le 4 avril 1865 : les esclaves affranchis l'accueillirent par des manifestations de joie qui firent pleurer le « grand émancipateur » : « Je sais que je suis libre, car j'ai vu le père Abraham et je l'ai touché », s'exclama une vieille femme. Non loin de là, quelques jours plus tard, le 9 avril, le général Lee capitulait à Appomattox, surprenant Lincoln, de retour en bateau vers la capitale, qui l'attendait dans l'exaltation.

La force de Lincoln commandant en chef fut peut-être d'avoir été un militaire amateur, sans formation stratégique initiale. Il apprit à considérer la bataille comme une opportunité de destruction de l'ennemi plutôt que de conquête, une stratégie qui ne fut effectivement possible qu'à partir de 1864, grâce à l'avantage matériel de l'Union et aux généraux Sherman et Grant. En ce sens, Lincoln joua un rôle militaire aussi décisif que son rôle politique.

IV

États-Unis, un siècle de ségrégation

En 1916, Maurice Evans, un Sud-Africain voyageant dans le sud des États-Unis, remarqua avec plaisir à quel point cette région était semblable à son pays : « La séparation des races dans tous les domaines y est aussi rigoureuse qu'en Afrique du Sud… » Au vrai, les similitudes entre l'apartheid sud-africain et la ségrégation américaine ont frappé les contemporains au point de susciter plusieurs travaux historiens comparatifs[1]. C'est seulement après la Seconde Guerre mondiale que les deux systèmes ont divergé, l'apartheid sud-africain se renforçant tandis que la ségrégation américaine s'affaiblissait.

En 1865, pourtant, tout paraissait clair. Le Nord avait gagné la guerre. L'esclavage, par le 13e amendement, était aboli dans l'ensemble des États-Unis. En 1866, le Congrès, à forte majorité républicaine le parti de Lincoln, abolissait les *Black Codes* votés au lendemain de la guerre par les assemblées sudistes pour obliger les anciens esclaves à rester dans les plantations et, par le 14e amendement, garantissait la citoyenneté des anciens esclaves. En 1869, le 15e amendement interdisait toute remise en cause du droit de vote pour les nouveaux citoyens.

Les anciens esclaves pouvaient désormais voter, et de nombreux hommes politiques noirs furent élus dans tous les États du Sud – ils étaient même majoritaires en Caroline du Sud dont la population était aux deux tiers noire. Le Mississippi envoya deux sénateurs noirs au Sénat à Washington. « Nous étions fous de joie, nous nous prenions pour des héros. Ça y est, on était libres[2] ! » se rappelait Felix Heywood, un ancien esclave du Texas interviewé dans les années 1930.

Mais les portes de l'espoir se refermèrent bientôt en raison du désengagement graduel des Républicains nordistes ainsi que du retour aux postes de pouvoir des anciens partisans de l'esclavage. Ces derniers se regroupèrent dans le Parti démocrate, localement aidé par le Ku Klux Klan, fondé en 1866, dont les cavaliers cagoulés entendaient reconquérir par la violence ce que la guerre et les urnes leur avaient ôté : la suprématie blanche dans le Sud.

À la fin des années 1880, face à la menace représentée par la tentative de certains Blancs pauvres de s'allier avec les Noirs et de constituer ainsi un « front de classe » dans le cadre du Parti populiste, une nouvelle formation militant pour la réforme agraire, les élites choisirent de se rapprocher des classes populaires blanches en adoptant leur violence raciste et en éliminant politiquement les Noirs par des dispositifs juridiques variés. L'exclusion des Noirs procéda donc d'une alliance politique entre, d'une part, les grands propriétaires terriens, les industriels et les gros marchands qui jusque-là maintenaient des relations paternalistes avec leurs anciens esclaves et, d'autre part, les Blancs pauvres en concurrence économique directe avec les Noirs.

C'est ainsi qu'à la ségrégation de fait qui existait dans la plupart des États du Sud s'ajouta une dimension juridique : en Louisiane, au Mississippi, en Alabama, en Arkansas, en Géorgie, en Caroline du Nord et du Sud, en Floride, en Virginie, la ségrégation devint légale avec le vote, entre 1890 et 1917, des lois « Jim Crow » par référence à une chanson de 1830 moquant les Noirs, affublés de ce sobriquet. Pour reprendre la formule de C. Vann Woodward, ces lois accordèrent « à la violence raciale la majesté de la loi[3] ».

Elles organisèrent la séparation sociale entre les Noirs et les Blancs. Ce fut d'abord le cas dans les trains, les tramways et les bateaux, puis d'autres lieux publics – y compris les toilettes –, les écoles, les lieux de résidence et bientôt les hôpitaux, les hospices, les orphelinats. En Caroline du Sud et dans le Mississippi, seules des infirmières noires pouvaient s'occuper de patients noirs. À Memphis, en 1927, une automobiliste blanche mourut de ses blessures au bord de la route car les ambulanciers étaient noirs et n'avaient pas le droit de toucher une femme blanche. Jusqu'en 1942, la Croix-Rouge distingua le sang « noir » du sang

« blanc » : un patient ne pouvait recevoir que le sang d'une personne de son groupe racial.

Une loi de Louisiane de 1914 précisait que, dans les cirques, les zoos et les cinémas, les différents guichets seraient espacés de 7,5 mètres au minimum, tandis qu'en Caroline du Nord et en Floride les manuels scolaires devaient être bien séparés. À La Nouvelle-Orléans, les prostituées étaient tenues elles aussi de respecter la barrière raciale. À Atlanta, on distinguait des ascenseurs pour Blancs et d'autres pour Noirs, ce qui n'était pas le cas dans l'Oklahoma, dont les cabines téléphoniques, en revanche, étaient ségréguées !

Ce maquis juridique créait des situations ubuesques, notamment dans les transports. Ainsi les gares de Caroline du Nord ne prévoyaient pas de ségrégation pour les fontaines publiques, contrairement à celles du Tennessee. Le voyageur noir distrait qui se trompait de fontaine, ou de salle d'attente, ou de compartiment, ou de toilettes, encourait une remontrance, parfois une arrestation, souvent des coups.

Les compagnies de tramways n'étaient pas favorables au principe des wagons séparés, dont certains pouvaient se trouver vides aux heures de pointe. Les wagons furent donc ouverts à tous, avec une ligne invisible et mouvante séparant Noirs au fond et Blancs devant. Des altercations éclataient souvent, forçant le conducteur à intervenir : « *Move back !* », « Au fond ! » intimait-il aux passagers noirs qui faisaient des histoires. Il arrivait que certains passagers blancs, gênés de faire déguerpir un Noir âgé, s'arrangeassent pour rester debout.

Mais, dans leur écrasante majorité, les Blancs du Sud pensaient que les Noirs étaient fondamentalement différents et inférieurs en intelligence et en caractère. Après tout, les journaux et magazines ne regorgeaient-ils pas d'articles informés sur la supériorité des Anglo-Saxons et l'aspect méprisable des Noirs ? Les préjugés racistes étaient quotidiennement confirmés et légitimés par des sommités de la science et de la politique. Rares étaient les anthropologues, comme Franz Boas à l'université de Columbia au début du XXe siècle, qui réfutaient la hiérarchie raciale.

Le renforcement de la ségrégation s'opéra dans l'indifférence du gouvernement fédéral. Faisant fi d'une loi de 1875 interdisant en principe la ségrégation, la Cour suprême, dans l'arrêt *Plessy v. Ferguson* de 1896, déclara qu'elle était constitutionnelle si des conditions égales étaient offertes à chaque race. Bien entendu, seul le principe de la séparation fut mis en œuvre, le principe d'égalité étant ignoré : dans les écoles blanches, les enfants étudiaient dans de bien meilleures conditions et sous l'autorité de professeurs mieux formés et payés que dans les écoles noires.

Au moins y avait-il des écoles noires, ce qui valait mieux que rien du tout, estimaient certains Africains-Américains. Pour Booker T. Washington, grande personnalité noire de la fin du XIXe siècle, il était préférable de coopérer avec les Blancs de manière à améliorer progressivement les institutions noires plutôt que de lutter – sans espoir – contre la ségrégation que même la Cour suprême approuvait.

Le point de vue conciliant et pragmatique de Washington n'était pas partagé par tous : beaucoup de Noirs du Sud ne cessèrent de contester le système. Des boycotts étaient organisés contre les lignes de tramways et les commerces trop hostiles, contre les journaux violemment racistes ; des meetings de protestation se tenaient aux risques et périls des participants. Le sociologue noir W. E. B. Du Bois, qui enseigna à Atlanta de 1897 à 1910, expliqua dans *The Soul of Black Folk* (1903) pourquoi il appelait à lutter contre l'injustice[4].

Deux ans plus tard, Du Bois créa avec d'autres intellectuels noirs le Niagara Movement, prélude à la National Association for the Advancement of Colored People (NAACP) fondée en 1909, principale organisation de revendication des droits des Africains-Américains au XXe siècle. Mais le corset de la ségrégation était si solidement en place que nul n'en prévoyait la fin.

La ségrégation systématique dans les lieux publics s'accompagna de l'exclusion politique. Les suprémacistes blancs trouvèrent le moyen de contourner le 15e amendement, qui garantissait théoriquement, nous l'avons dit, le droit de vote pour tous les citoyens. La fraude électorale et l'intimidation se révélèrent vite insuffisantes : vers 1895, les hommes politiques noirs étaient encore bien installés dans la plupart des législatures du Sud.

On vota alors des clauses de résidence et de cens, à quoi le Mississippi, la Caroline du Sud et la Virginie ajoutèrent un test d'alphabétisation qui prévoyait un examen de lecture et de compréhension de la Constitution pour tout électeur – l'immense majorité des Noirs était illettrée.

Cet assemblage juridique, validé dans ses grandes lignes par la Cour suprême, produisit les effets escomptés : alors qu'en 1890, les trois quarts des hommes du Sud étaient électeurs, dix ans plus tard, moins d'un homme sur trois pouvait voter. La quasi-totalité des électeurs noirs et une partie importante d'électeurs blancs pauvres se trouvaient écartées des urnes. En Louisiane par exemple, le nombre d'électeurs noirs passa de 130 334 en 1896 à 1 342 en 1904.

Deux sociétés, l'une noire, l'autre blanche, se trouvaient séparées par un mur d'hostilité et de méfiance : « Nous sommes voisins, et pourtant étrangers. Même entre les Blancs les plus éclairés et les Noirs, il n'y a plus de communication, plus d'échanges de vues », écrit un Noir de Caroline du Nord au début du XXe siècle. Katherine Lumpkin, une toute jeune fille de riches planteurs, s'étonnait de ce que « les hommes, les femmes et les enfants [noirs] travaillent silencieusement », et observait « ces étrangers sombres aller et venir, indifférents au fait de travailler pour nous ou pour d'autres, et qui semblent porter un fardeau qui les préoccupe »[5].

Pour la plupart métayers, étranglés par des dettes irréductibles, sans propriété ni capital, de surcroît privés de leurs droits civiques, les Noirs du Sud avaient en effet quelques raisons d'être « sombres » : la célébration joyeuse de la fin de l'esclavage, quarante ans plus tôt, paraissait bien lointaine. Leur situation sociale et politique s'était gravement détériorée entre la fin des années 1860 et les années 1890, même si une petite minorité avait pu former une bourgeoisie d'affaires dans les grandes villes du Sud, en fondant des compagnies d'assurances, des banques et des commerces destinés à la clientèle noire. « Les Blancs ne supportent pas que nous soyons libres, et ils font tout pour nous écraser. On n'a plus d'école depuis longtemps [...] et pas moyen de s'approcher des bureaux de vote, sinon on se fait fouetter. [...] On était tout en bas, et on l'est resté », déclara Felix Heywood.

Accompagnant la ségrégation, les lynchages se multiplièrent à partir du début des années 1890. Ils avaient été très rares pendant l'esclavage et dans les années qui suivirent la guerre de Sécession. Le premier Ku Klux Klan des années 1866-1872 avait eu recours au fouet, rarement au meurtre. Or, après 1890, dans les quatorze États du Sud, près d'une centaine de personnes étaient lynchées chaque année en moyenne, dont 75 % étaient noires, un pourcentage qui s'éleva à 90 % au XXe siècle[6].

Les lynchages punissaient des infractions supposées, généralement des accusations de viol ou de manque de respect à l'égard d'une femme blanche : un regard de travers pouvait coûter cher. Renforçant les sentiments de solidarité raciale dans la population blanche et terrorisant la population noire, ces lynchages étaient particulièrement nombreux dans les régions à faible densité de population, avec peu de moyens de communication, et visaient surtout des Noirs pauvres, des étrangers récemment installés ou de passage dans la région. « Les victimes sont toujours des hommes dont personne ne pouvait prendre la défense », expliqua un pasteur noir de Montgomery en 1897. Une fragile paix sociale était ainsi préservée au prix de la pendaison de pauvres hères, sacrifiés rituellement sans procès, pour des motifs fallacieux, devant des autorités goguenardes et complices. Les lynchages n'étaient pas des cérémonies clandestines, menées à l'insu des autorités. Ils étaient souvent annoncés à l'avance, et abondamment photographiés. Des milliers de photographies, représentant les bourreaux posant fièrement ou avec désinvolture aux côtés de leurs victimes, se répandaient dans tout le pays. La presse en publiait avec complaisance, parfois en faisant mine de s'offusquer d'un « mauvais lynchage » lorsque la torture était prolongée de manière gênante, ou que des enfants étaient conviés à l'entretien d'un bûcher. Lors du lynchage de Thomas Brooks dans le Tennessee, en 1915, les photographes de cartes postales installèrent une petite imprimerie, et les écoles du voisinage autorisèrent les enfants à assister au spectacle[7].

La mobilisation contre les lynchages s'organisa à la fin du XIXe siècle, *via* des personnalités afro-américaines comme la journaliste Ida Wells (1862-1931), auteure du premier ouvrage qui documentait précisément ces assassinats. Puis la fondation de la NAACP permit le lancement de campagnes de mobilisation, ayant pour objectif le vote d'une loi nationale interdisant les lynchages. En vain, puisque les élus sudistes s'y opposèrent fermement.

La chanson *Strange Fruits*, écrite en 1937 par Abel Meeropol, un instituteur juif new-yorkais et interprétée de manière inoubliable par Billie Holiday, évoque de manière poignante ces macabres rituels : « Les arbres du Sud portent d'étranges fruits / Du sang sur les feuilles / Du sang aux racines / Les corps noirs se balancent dans la brise du Sud… »

La ségrégation et la violence raciste du Sud eurent pour conséquence le départ d'unc partie de la population noire vers les grandes villes industrielles du Nord : 200 000 personnes s'y installèrent entre 1890 et 1910. Le mouvement s'accentua à partir de la Première Guerre mondiale, lorsque l'immigration européenne se tarit. Harlem devint alors un grand quartier noir, haut lieu de la vie culturelle afro-américaine dans les années 1920. La perspective de salaires de 3 dollars par jour, que des agents des compagnies de Chicago ou de Detroit spécialement dépêchés dans le Sud, des billets de train gratuits dans les poches, faisaient miroiter aux métayers noirs, était suffisamment motivante pour qu'ils plient bagage. La population noire de Chicago passa ainsi de 44 000 personnes en 1910 à 110 000 personnes en 1920, puis à 234 000 en 1930.

Mais, dans les villes du Nord, les morsures du racisme n'étaient pas moins douloureuses. La ségrégation n'était pas imposée par la loi, mais elle existait de fait. Les Noirs vivaient dans des quartiers réservés, les *colored districts*, occupaient les emplois les plus modestes en concurrence avec les migrants européens, ce qui occasionnait des tensions, parfois des émeutes. À East Saint Louis, en juillet 1917, trente-neuf Noirs furent tués par une foule en colère, après un incident mineur. Jusque dans les années 1960, l'histoire des grandes villes du nord des États-Unis fut émaillée d'émeutes raciales survenant le plus souvent dans des contextes de préjugés racistes attisés par la pénurie de logements[8].

Il n'en demeure pas moins que le Nord offrait des perspectives socio-économiques et politiques – puisque les Noirs pouvaient voter – inconnues au Sud. Le flux vers le Nord s'amplifia encore : entre 1910 et 1970, 6,5 millions de Noirs migrèrent du Sud au Nord, dont 5 millions après 1940.

La Seconde Guerre mondiale représenta un tournant majeur dans l'histoire de la ségrégation ; ses tenants se trouvèrent désormais sur la défensive. D'abord parce que la lutte contre les régimes totalitaires mit au premier plan les valeurs démocratiques et le respect des droits humains, et occasionna des comparaisons peu flatteuses entre la ségrégation américaine et les politiques racistes de l'ennemi. Dans un accès de franchise, le gouverneur de l'Alabama se plaignit de ce que le nazisme avait « ruiné les théories raciales qui nous avaient tant servi ». Les Africains-Américains soutinrent la guerre, motivés à la fois par la perspective de victoire contre les forces de l'Axe et contre la ségrégation américaine. « Hitler nous a fait sortir de la cuisine des Blancs », se rappelait une ouvrière noire de Boeing.

Ensuite parce que la mobilisation militaire entraîna l'appel d'un million d'Africains-Américains sous les drapeaux. La plupart servaient dans des unités ségrégées, sous la férule d'officiers blancs, mais les GI noirs revinrent chez eux avec des espoirs nouveaux et la conviction que la ségrégation devait cesser. Ils n'étaient plus disposés à s'asseoir à l'arrière des bus. La mobilisation croissante des Noirs américains au sein d'associations, prélude au mouvement pour les droits civiques, s'amorça bien dès le lendemain de la Seconde Guerre mondiale.

À cela il faut ajouter un changement décisif du côté de la Cour suprême. Des renouvellements dans sa composition, dont la nomination en 1953 d'un nouveau président, Earl Warren, précipitèrent la décision la plus retentissante, peut-être, de l'histoire juridique américaine : l'arrêt *Brown v. Board of Education* de Topeka du 17 mai 1954, qui déclarait anticonstitutionnelle la ségrégation des écoles publiques. « La séparation des enfants sur un fondement racial engendre un sentiment d'infériorité quant à leur statut dans la communauté qui peut affecter leurs esprits et leurs cœurs d'une manière irrémédiable. »

L'injonction juridique ne fut cependant pas respectée dans les États du Sud profond (Louisiane, Mississippi, Alabama, Arkansas, Géorgie, Caroline du Sud, Floride), d'autant que le président Eisenhower se réfugia dans un silence prudent. La résistance des partisans de la ségrégation s'organisa, appuyée par les législatures locales et la renaissance du Ku Klux Klan. En 1957, plutôt que d'accepter la déségrégation des écoles de Little Rock, Orval Faubus, gouverneur de l'Arkansas, mobilisa la garde nationale de son État puis fit fermer les écoles publiques pendant deux ans. Vers 1960, moins de 1 % des enfants noirs du Sud étaient scolarisés dans des écoles « intégrées » (non ségréguées).

Mais le militantisme afro-américain ne faiblit pas : le mouvement pour les droits civiques naquit symboliquement le 1er décembre 1955, lorsque Rosa Parks refusa de céder sa place dans un bus de Montgomery (Alabama). Les Noirs du Sud affirmaient leur détermination : « Nous en avons assez d'être ségrégés et humiliés, assez d'être frappés par le pied brutal de l'oppression », s'exclama le jeune pasteur Martin Luther King dans l'une de ces envolées lyriques qui caractérisaient cet orateur hors pair. En 1957, lui et un groupe de pasteurs créèrent la Southern Christian Leadership Conference (SCLC), une organisation chrétienne prônant la désobéissance civile et la non-violence « pour abattre Jim Crow ».

Le système de ségrégation entra dans son agonie à partir du début des années 1960. John Kennedy, nouvellement élu, plus sensible que son prédécesseur aux pressions des militants des droits civiques, finit par mobiliser les forces armées fédérales pour mettre fin aux violences exercées contre eux. C'est sous la protection de l'armée que James Meredith, un étudiant noir, entra à l'université du Mississippi en 1962.

Les marches pacifiques et les sit-in se succédaient afin de forcer la main de Kennedy et d'exposer aux yeux du monde la violence des partisans de la ségrégation, qui répondaient nuitamment par des meurtres et des attentats. En juin 1963, le président déclara que « la race n'avait pas de place dans la vie et dans le droit du pays ». Kennedy fut assassiné le 22 novembre, mais son successeur, Lyndon Johnson, accentua sa politique : la grande loi des droits civiques votée en 1964 interdisait toute forme de discrimination et de ségrégation dans les lieux publics, accordait au gouvernement de nouveaux moyens par la création d'une commission chargée de veiller à l'égalité de tous dans le monde du travail, sans distinction de race, de religion, d'origines nationales ni de sexe.

« Maintenant, si on veut aller chez McDonald's, on peut aller chez McDonald's ! » déclara une femme d'Atlanta. Un an plus tard, la loi sur le droit de vote suspendait les clauses restrictives qui avaient éliminé les électeurs noirs, à la suite de campagnes militantes à Selma, dans l'Alabama, où la violence policière avait scandalisé les Américains. Le système pervers et destructeur de la ségrégation était à terre. La lutte contre les discriminations continuait.

Ségrégation et apartheid

Comparer la ségrégation aux États-Unis et le système d'apartheid sud-africain n'est pas incongru. Les deux systèmes avaient pour principale caractéristique commune de maintenir le pouvoir économique et politique de la population blanche en séparant rigoureusement les « races » (« *apartheid* » signifie « séparation » ou « ségrégation » en afrikans) et en privant les non-Blancs des droits civiques. Pour cela, les moyens publics (police, justice) et privés (lynchages, terreur) furent mobilisés.

La chronologie des systèmes cependant est différente, puisque l'apartheid sud-africain se renforça avec la victoire des nationalistes en 1948, tandis que la ségrégation américaine, légalisée en 1896, s'affaiblit après 1945. Une autre différence tient en la classification raciale plus variée en Afrique du Sud, puisque la loi de 1950 y distinguait les Blancs (*Whites*) des métis (*coloureds*), des Indiens (*Asians*) et des Noirs (*Blacks*), avec des droits spécifiques pour chaque groupe : à partir de 1956, les métis furent représentés par quatre élus blancs au Parlement.

En outre, l'apartheid sud-africain avait une dimension plus totalitaire, en ce qu'il était une politique d'État, valable sur tout le territoire, et mise en œuvre par les forces de répression de l'État. Aux États-Unis, la ségrégation s'opérait à l'échelle des États fédérés du Sud. L'État fédéral n'en était pas l'opérateur, mais laissa faire, avant de s'y opposer.

Enfin, il existait une séparation géographique plus poussée en Afrique du Sud, avec des territoires spécifiques (les bantoustans, créés en 1951). Il y avait 10 bantoustans, définis selon des critères ethniques arbitraires, constituant des « réserves noires » qui étaient de véritables dépotoirs humains faits pour accueillir les non-utiles (femmes, enfants, vieillards), tandis que les hommes travaillaient en « Afrique du Sud » proprement dite. Les Noirs étaient donc privés de leur citoyenneté et transformés en étrangers dans leur propre pays[9].

V

Les soldats noirs américains pendant la Première Guerre mondiale

Le principe retenu dans l'armée américaine était celui de la ségrégation. Mais, pour les 200 000 soldats noirs qui débarquent, la découverte de la société française fut une bouffée de liberté.

Près de 370 000 soldats noirs s'engagèrent dans l'armée américaine pendant la Première Guerre mondiale, parmi lesquels 200 000 furent envoyés combattre sur le front. Cette participation, modeste dans les chiffres, était le reflet de la situation générale des Noirs américains au début du XXe siècle, soumis à un racisme inflexible. Elle eut néanmoins des conséquences majeures dans l'après-guerre. Au moment de la mise en place de la conscription militaire, en mai 1917, se posa la question de la mobilisation des Africains-Américains. Pour les partisans de la ségrégation, qui régnaient en maîtres dans le Sud et étaient fortement représentés au Congrès, il était hors de question d'armer et de former militairement des milliers de jeunes hommes noirs. L'influent sénateur du Mississippi James Vardaman s'alarmait à la perspective de soldats revenant du combat avec l'idée saugrenue que leurs « droits politiques devraient être respectés ». Tous les Américains blancs ne partageaient pas son point de vue, beaucoup se réjouissant de ce que la guerre allait fortifier une nation trop divisée. Le compromis fut le suivant : la conscription inclurait les hommes noirs, mais à des postes non combattants.

De leur côté, les Africains-Américains étaient sceptiques à l'égard des envolées lyriques de Wilson sur la démocratie en danger : alors qu'ils avaient été privés du droit de vote dans le Sud, que les lynchages étaient monnaie courante, quel sens cela avait-il de se battre pour cette fameuse démocratie ? « Les Allemands ne m'ont rien fait, et s'ils m'ont fait quelque chose, je leur pardonne[1] », expliqua un homme noir à Harlem en avril 1917. Pourtant, les élites noires se rallièrent finalement au conflit, par calcul stratégique.

Ainsi, W. E. B. Du Bois, responsable des études de la NAACP, approuva immédiatement l'entrée en guerre du pays : il envisageait l'émancipation de l'Afrique, et, pour les Noirs américains, la possibilité de démontrer leur valeur militaire, ce qui supposait qu'ils pussent s'engager selon les mêmes règles que les Américains blancs. Au printemps 1918, les éditoriaux de Du Bois dans *The Crisis* se firent très patriotiques : « Oublions pour le moment nos revendications particulières et serrons les rangs, épaule contre épaule avec nos camarades blancs et les nations alliées qui se battent pour la démocratie. » Très clairement, Du Bois attendait de l'engagement afro-américain une forme de récompense, *a minima* le vote d'une loi interdisant les lynchages. La fin de la ségrégation dans le Sud était hors de portée, mais la multiplication des lynchages pouvait être stoppée par l'intervention de l'État fédéral. Même si tous les membres de la NAACP ne partageaient pas l'ardeur militariste de Du Bois, son calcul était largement approuvé.

Sous commandement français

Une grande majorité des soldats afro-américains stationnés en France furent employés à des tâches d'intendance : ils étaient affectés dans les ports pour décharger les bateaux, construisaient des casernes et des bâtiments divers, réparaient les voies ferrées, acheminaient le courrier, cuisinaient. Peu à peu, les soldats noirs américains furent intégrés aux unités combattantes avec la création des 92ᵉ et 93ᵉ divisions (unités uniquement composées d'hommes et comptant 40 000 soldats). Ils montèrent ainsi en ligne dès le printemps 1918. Le plus célèbre régiment était le 369ᵉ, formé de Noirs new-yorkais, les « Harlem Hellfighters » qui comptaient dans leurs rangs le fameux orchestre de jazz. À la suite d'une décision de Pershing, les quatre régiments de la 93ᵉ division furent placés sous commandement français aux côtés de régiments français ; ils furent bien accueillis par les officiers qui avaient besoin d'hommes, quelle que fût leur couleur de peau, eux qui dirigeaient également des tirailleurs africains. Les Africains-Américains se comportèrent avec bravoure, ce qui valut à certains régiments de recevoir la croix de guerre. Néanmoins, les gradés américains mirent en garde leurs homologues français contre une trop grande familiarité avec les Noirs, surtout des contacts trop personnels avec des Françaises, pour ne pas compromettre le « prestige de la race blanche ».

En raison d'un encadrement plus strict, les soldats noirs avaient pour réputation, auprès des Français, de mieux se tenir que les autres, au point que des maires de petites villes s'adressaient à l'état-major : « Prenez vos soldats [blancs] et envoyez-nous des vrais Américains, des Noirs[2]. » Ils étaient si étroitement surveillés que leurs baraquements ressemblaient à des camps de prisonniers. Le principe de l'armée américaine était celui de la ségrégation, à quelques exceptions près : on trouvait notamment des cuisiniers noirs dans les unités blanches. Les Africains-Américains étaient moins bien nourris, habillés, entraînés, et devaient encaisser de multiples avanies, quand ils n'étaient pas violentés, parfois tués, comme à Saint-Nazaire où sévissait un soldat de la police militaire américaine, surnommé « le tueur de nègres[3] ». Ils avaient à mener leur propre guerre dans la guerre. Les Allemands tentèrent de profiter de cette situation tendue en lançant par avion des tracts indiquant : « Pouvez-vous aller dans un restaurant où des Blancs dînent ? Pouvez-vous réserver un siège dans un théâtre où il y a des Blancs ? Vous n'avez rien à gagner, que des os brisés, des blessures horribles, une santé ruinée ou même la mort. En Allemagne, nous aimons les Noirs. »

Parallèlement, les soldats afro-américains découvrirent la société française, ce qui représenta une immense bouffée d'air. De retour chez eux, ils racontèrent, en idéalisant parfois les choses, qu'en France la ségrégation n'avait pas cours, qu'il leur était possible de s'asseoir dans les cafés où bon leur semblait, qu'ils pouvaient, ô stupéfaction, converser avec des femmes blanches, que la population était accueillante, bref, que le mur d'hostilité et de méfiance qui séparait les Blancs des Noirs aux États-Unis n'existait pas en France. La presse noire américaine, qui parlait tant, de manière presque romantique, de la France, soulignait indirectement l'injustice régnant aux États-Unis.

Les Africains-Américains eurent aussi l'occasion de rencontrer des Africains, qui combattaient au sein des régiments coloniaux français. En dépit de la barrière linguistique, les témoignages et les lettres suggèrent que cette rencontre impressionna fortement les uns et les autres. Un Noir américain confia sa surprise de s'être vu demander des nouvelles des mutins de Houston par un Sénégalais[4]. Les échanges transatlantiques entre Noirs des différents continents ne devaient plus cesser. Une forme de panafricanisme populaire prenait forme, ce qui n'échappa pas à Du Bois, qui se rendit à Paris en 1919 pour assister au premier « Congrès panafricain », sous la présidence de Blaise Diagne, député de Saint-Louis du Sénégal. Plusieurs milliers de vétérans afro-américains et africains s'installèrent en France après-guerre, pour échapper à la ségrégation ou à la férule coloniale.

Tour de vis

Dès l'armistice signé, l'état-major américain organisa le rapatriement rapide des soldats noirs. Aucun ne fut convié au défilé de la victoire du 14 juillet 1919 sur les Champs-Élysées. Passé les flonflons officiels et populaires, une réalité bien grise les attendait. Le sénateur Vardaman avait mis en garde contre des soldats « cajolés par les Françaises » et préconisé un tour de vis. Ainsi les vétérans noirs furent visés par les lynchages. Les émeutes raciales de l'« été rouge » de 1919 signalèrent une reprise en main dans tout le pays, y compris dans le Nord, où les Noirs s'installaient massivement dans des quartiers de centre-ville qui allaient se refermer sur eux comme des prisons.

La récompense pour le sang versé n'était qu'une illusion, mais les vétérans noirs créèrent leur mémoire propre de la guerre, assez différente des discours officiels, où il n'était pas seulement question de vaincre l'ennemi allemand, mais d'abattre l'ennemi, bien américain, de la ségrégation et du racisme.

VI

Mississippi, la leçon oubliée

Le cyclone Katrina, en août 2005, a pris les États-Unis de court. Pourtant, en 1927, une crue du Mississippi mit déjà en évidence les erreurs techniques et politiques commises dans l'aménagement de la région. Mais aussi l'efficacité de l'intervention de l'État, quelques années avant le New Deal.

Les pluies étaient tombées dru dès l'été 1926 dans le Midwest, en saturant les sols et en gonflant les rivières. Les premières inondations survinrent en septembre dans l'Iowa et l'Illinois. Il plut encore tout l'automne, de telle sorte que les eaux du Mississippi montaient lentement, inquiétant la population. Mais les autorités et les ingénieurs expliquaient d'un ton rassurant que les formidables digues enserrant le fleuve tiendraient aisément. En avril 1927, les pluies redoublèrent sous un ciel noir.

Le Mississippi défie les ingénieurs américains depuis un siècle et demi. Son bassin de drainage est 20 % plus large que celui du fleuve Jaune, deux fois plus large que celui du Nil ou du Gange. Il couvre 41 % du territoire américain, de la frontière canadienne au golfe du Mexique, de la Caroline du Nord à l'Idaho. Dompter un tel monstre est une tâche colossale[1].

Au milieu du XIXe siècle, trois des plus célèbres ingénieurs du pays, Charles Ellet, Andrew Humphreys et James Eads, s'affrontèrent férocement pour faire prévaloir leurs plans. Ellet recommanda la construction de digues avec des ouvertures et des réservoirs, de manière à laisser écouler progressivement un trop-plein d'eau pour éviter une trop forte pression et une rupture brutale. Par contraste, Humphreys, un ingénieur de l'armée, préconisait des digues simples, dont une construction bien calculée devait, selon lui, augmenter la vélocité du courant et ainsi creuser le lit du fleuve afin de remédier au problème principal posé par les digues : elles contraignent le fleuve et haussent son niveau d'eau, de telle sorte qu'en cas de rupture, un mur d'eau s'abat instantanément sur la région. Quant à Eads, un ingénieur autodidacte, il prônait des digues simples assorties de jetées pour contraindre les courants.

En 1879, le Congrès créa la Mississippi River Commission, composée d'ingénieurs civils et militaires, chargée de trancher entre les différents projets. La commission opta finalement pour des digues simples, en suivant la proposition de Humphreys. Le fleuve, qui pendant des siècles avait creusé une vallée très large dans un équilibre délicat entre la terre, les courants et les alluvions, était désormais enserré entre des digues comme un vulgaire canal. Or, loin de creuser le lit du Mississippi, ces digues n'eurent pour résultat que de faire monter le niveau de l'eau. La commission fit donc rehausser les digues, engageant une course sans fin entre le fleuve et les hommes. À Morganza, en Louisiane, l'inondation de 1850 fut contenue par une digue de 2,5 mètres ; dans les années 1920, les digues avoisinaient 13 mètres de hauteur. Cette fois-ci, elles semblaient infranchissables.

Et pourtant, en avril 1927, les eaux furieuses du Mississippi rompirent les digues une à une. L'une des plus hautes, fierté des ingénieurs, près de Greenville dans le Mississippi, céda brutalement le 14 avril, en libérant une masse d'eau large d'un kilomètre, représentant deux fois le volume d'eau des chutes du Niagara. Les morts se comptèrent par centaines. Alors la panique s'empara des villes plus en aval, Vicksburg, Natchez, Bâton-Rouge et surtout La Nouvelle-Orléans, la plus peuplée et prospère du Sud, le second port du pays[2].

Située en dessous du niveau du fleuve et du lac Pontchartrain, La Nouvelle-Orléans en était protégée par des digues dont les plus anciennes remontaient au XVIIIe siècle. Face au danger imminent, les pompes, installées en 1913, ne suffiraient pas ; on le savait. Des ouvriers réquisitionnés de force ajoutèrent des sacs de sable par centaines de milliers pour rehausser les digues. On posta sur elles des gardes qui avaient ordre de tirer sur les saboteurs.

L'eau montait toujours. Le 29 avril, les autorités firent dynamiter des digues en aval pour protéger la ville, en sacrifiant les paroisses de Saint-Bernard et Plaquemines. La politique des digues fermées, credo officiel des ingénieurs depuis 1879, et qui s'était révélée désastreuse, prit fin ce jour-là. La Nouvelle-Orléans fut ainsi sauvée.

Quelques jours plus tôt, le 22 avril, suite à des appels angoissés du gouverneur du Mississippi, le président Coolidge nomma son ministre du Commerce Herbert Hoover à la tête d'un comité spécial chargé de venir en aide aux régions sinistrées. Hoover s'était occupé avec succès de l'aide à la Belgique pendant la Première Guerre mondiale, puis était entré au gouvernement en 1920, en comptant appliquer à la politique les principes de rationalité et d'efficacité des ingénieurs disciples de Taylor[3]. Pour Hoover, la crue de 1927 était l'occasion non seulement d'organiser les secours mais de reconstruire la région et de démontrer ses compétences. Tout était à faire : un million de personnes avaient perdu leur maison, on comptait les victimes par centaines, par milliers peut-être, et l'eau recouvrait l'équivalent de la Nouvelle-Angleterre.

Hoover était à son affaire : homme décidé et méthodique, son autorité se fit rapidement sentir dans l'organisation des évacuations, le secours aux personnes déplacées. Il résida sur place pendant deux mois, dormant souvent à bord d'un train ou d'un bateau, travaillant d'arrache-pied. Par contraste avec le président Coolidge, qui refusa obstinément de visiter la région et perdit dans l'affaire tout son crédit, Hoover devint un héros national. Lui et son équipe cultivaient leurs relations avec les journalistes, qui le couvraient d'éloges : « l'homme le plus efficace du gouvernement », « un homme pareil devrait être à la Maison-Blanche », pouvait-on lire à la une des quotidiens et des magazines.

Dans le Sud, où les relations entre Blancs et Noirs étaient régies par le régime de ségrégation, les deux populations furent traitées différemment. Les Blancs furent logés dans des hôtels réquisitionnés, et approvisionnés par la Croix-Rouge, tandis que des camps de toile, également tenus par la Croix-Rouge, abritaient les réfugiés noirs, mal nourris, dormant à même le sol humide, sans latrines, dans la puanteur, souffrant de pellagre[4]. Hommes, femmes et enfants devaient porter autour du cou une pancarte avec leur nom et leur plantation, et ne recevaient de la nourriture qu'en échange de travaux forcés. La garde nationale les surveillait, baïonnette au canon. À la moindre occasion, les coups pleuvaient. Le Ku Klux Klan, très influent dans la région, veillait lui aussi. À Little Rock (Arkansas), Lake Providence (Louisiane), Louisville (Mississippi), plusieurs hommes furent lynchés.

Le Mississippi rentra finalement dans son lit en septembre 1927. Le temps de la reconstruction était venu, que Hoover entendait mener à sa main. Il leva 13 millions de dollars auprès des grandes firmes, à quoi s'ajoutèrent les fonds débloqués par la loi Jadwin votée en mars 1928 – malgré l'opposition de

Coolidge –, assurant près d'un milliard de dollars de contributions fédérales à la reconstruction. C'était la plus grande dépense de l'État en temps de paix. De nouvelles digues furent construites, cette fois-ci avec des ouvertures, des bassins, des canaux de dérivation, des barrages sur les affluents. La région du Delta pansa ses plaies, mais certains changements étaient irréversibles, en particulier l'accélération de l'exode de la population noire : elle quitta en masse le delta du Mississippi pour Cleveland, Detroit et Chicago – faisant de cette ville la capitale du blues.

Auréolé de ses succès soigneusement mis en scène, Hoover était désormais en route vers la Maison-Blanche. Il remporta aisément l'élection présidentielle de 1928. Ce fut le dernier candidat républicain à attirer les suffrages majoritaires de la population noire – celle-ci allait se tourner, avec des millions d'autres, vers Franklin Roosevelt et les Démocrates quatre ans plus tard. Il est vrai que Hoover, en qui les Américains fondaient tant d'espoirs, les déçut largement. Lui qui semblait si accoutumé aux situations d'urgence comprit mal et trop tard l'ampleur de la Grande Dépression.

Reste que, dans le delta du Mississippi, Hoover avait fait la démonstration de ce qu'une action énergique menée par l'État pouvait accomplir. La leçon fut retenue par Franklin Roosevelt, qui s'inspira de son prédécesseur en créant en 1934 la Tennessee Valley Authority, un nouvel effort prométhéen pour contrôler un fleuve capricieux. Quant à savoir si le Mississippi est dompté, les ingénieurs se doutaient que ce n'était pas le cas, d'autant que les digues n'avaient pas été convenablement entretenues dans les années qui précédèrent Katrina.

VII

Les cobayes de Tuskegee

Dans la région de Tuskegee, en Alabama, entre 1932 et 1972, 400 Africains-Américains atteints de la syphilis ont été délibérément abandonnés à une issue mortelle.

La ségrégation raciale aux États-Unis, si centrale dans la société de ce pays de la fin du XIXe siècle aux années 1960, n'était pas affaire que de règlements juridiques, comme ceux instituant des séparations plus ou moins strictes dans l'espace public. Plus largement, elle était une manière de voir le monde, de se représenter les hommes en société, de penser les sciences, la médecine, ce que Michel Foucault appelle la « gouvernementalité des corps ». Ce « racisme en actes » est au cœur de l'« expérience Tuskegee », menée entre 1932 et 1972 en milieu rural et isolé, dans la région de cette bourgade de l'Alabama où vivait une importante population afro-américaine[1].

À Tuskegee, comme ailleurs dans le Sud profond, la ségrégation imposait sa loi. Menée sous l'égide du

Public Health Service (PHS), une agence fédérale notamment en charge de la lutte contre les maladies contagieuses, y compris vénériennes, cette expérience concerna un groupe de quatre cents hommes noirs sélectionnés par le PHS parce qu'atteints de syphilis. Les médecins pensaient alors que la syphilis avait des effets spécifiques sur les Africains-Américains. L'argument pour l'expérience Tuskegee était en effet que la syphilis chez les Noirs était d'une variété différente, qui nécessitait une étude particulière. D'une manière générale, la syphilis suscitait une littérature médicale importante dans les premières décennies du siècle : une littérature où se mêlaient les arguments scientifiques et moraux. La syphilis, expliquait-on, était la conséquence de la dépravation, de l'immoralité, de familles instables et de comportements non civilisés. Cette maladie n'existait pas au temps de l'esclavage, « quand les Noirs étaient tenus », mais elle s'était répandue depuis sa fin. Elle allait de pair avec des discours alarmistes sur les ravages de la lubricité, la baisse de la natalité, et la prolifération de la folie et du crime. Elle justifiait, entre autres arguments, la prohibition des relations sexuelles entre Noirs et Blancs.

Il ne s'agissait initialement que d'une étude de quelques mois, menée pour suivre un groupe d'hommes malades à qui les médecins avaient administré un traitement contre la syphilis (alors peu efficace). Mais, alors que la période d'observation touchait à sa fin, en 1933, Oliver Wenger, le directeur de la division des maladies vénériennes du PHS, impulsa à l'étude un nouvel élan. Il ne s'agissait désormais plus de mesurer les effets du traitement, mais de réaliser une expérience d'observation de la nature : en l'occurrence, de mesurer les effets de la syphilis sur un groupe d'hommes non soignés. L'expérience Tuskegee changea de nature lorsqu'il fut décidé délibérément de la prolonger, alors que la diffusion large de la pénicilline, à partir de la fin des années 1940, permettait enfin de traiter efficacement la maladie. En toute connaissance de cause, le PHS laissa ces hommes dépérir.

Comment s'assurer de la coopération des « sujets » ? Initialement, les rendez-vous fixés n'étaient pas tenus, car les hommes craignaient apparemment d'être appelés sous les drapeaux. On leur expliqua alors qu'ils étaient malades et qu'ils pourraient être soignés gratuitement. Les hommes pensaient être traités pour le « *bad blood* » (« mauvais sang »), une expression afro-américaine désignant les maladies vénériennes. Pour les rassurer, Eunice Rivers, une infirmière noire, avait la charge de distribuer de l'aspirine, de l'eau gazeuse, des repas chauds le jour de l'examen. Eunice Rivers suivit les opérations pendant quarante ans, et elle eut un rôle central dans l'expérience : elle rassurait les malades et notait scrupuleusement l'évolution de leur maladie. Les médecins soignaient un peu les syphilitiques avec des pommades à l'arsenic, même si l'un d'eux avoua : « Nous attendions que les patients meurent. » L'objectif était d'observer les progrès de la maladie, ses liens avec les maladies cardiovasculaires et neurologiques, puis, *in fine*, d'autopsier les corps. Pour convaincre les familles réticentes, on proposait 50 dollars d'assurance décès. Rivers réussit à obtenir l'agrément des familles dans la quasi-totalité des cas.

Il fallait cependant s'assurer que les hommes ne fussent pas traités par une autorité médicale concurrente. Les employés du PHS prévinrent les médecins de la région en leur donnant des listes de « sujets » et veillèrent à ce que l'armée, qui mobilisa plusieurs hommes pendant la guerre, ne les traitât pas non plus. Malgré ces efforts, certains de ces hommes réussirent à se procurer un peu de pénicilline au début des années 1950, mais pas à des doses suffisantes.

L'expérience Tuskegee ne fut jamais menée secrètement. Treize rapports furent publiés dans des revues médicales importantes (sous le titre « Syphilis non traitée chez le Noir »), sans susciter la réprobation des lecteurs médecins. C'est un article paru dans le *Washington Star* en juillet 1972 qui dévoila le scandale et interrompit l'expérience, qui se poursuivait alors que la plupart des « sujets » étaient décédés.

Ce genre d'études, sans intérêt scientifique ou médical, procédait d'une représentation du corps noir, avec des particularités physiologiques supposées qu'il s'agissait de confirmer et reconfirmer. Toute l'étude était fondée sur l'existence d'une disparité raciale et sur des preuves médicales de cette disparité. Au vrai, ce n'était pas une étude sur la syphilis, mais une étude sur la syphilis chez des hommes noirs, dont le corps n'était plus considéré que comme une simple matière vivante où agissait la maladie. Les justifications biologiques et culturalistes étaient ainsi intimement mêlées. Le cas Tuskegee est sans doute extrême par la violence infligée aux personnes, mais il est éclairant en ce qu'il illustre, jusque tard dans le siècle, ce que la ségrégation a fabriqué : un racisme structurel, ayant pour objet de veiller à l'harmonie entre l'ordre naturel et l'ordre social. L'ordre de la ségrégation était celui d'une cohérence entre la nature des corps et la société qui met les corps au travail et règle leurs comportements.

VIII

Martin Luther King, la voix noire de l'Amérique

Le 3 avril 1968, à Memphis (Tennessee), Martin Luther King prononça un discours prémonitoire : « Comme tout le monde, j'aimerais vivre longtemps encore [...] mais cela m'est égal maintenant [...] car j'ai vu la Terre promise. Mais je ne l'atteindrai peut-être pas. Mais je veux que vous sachiez que nous, en tant que peuple, atteindrons la Terre promise. Et je suis heureux ce soir. » Le lendemain, en fin d'après-midi, alors qu'il bavardait avec ses collaborateurs au balcon du motel Lorraine, un établissement miteux du centre-ville de la capitale du blues, un coup de feu claqua. King s'effondra, la nuque brisée. Il mourut une heure plus tard à l'hôpital Saint-Joseph. L'autopsie indiqua que son cœur, épuisé par treize ans de combat pour les droits civiques, ressemblait à celui d'un homme de 60 ans, lui qui n'en avait que 39.

Alors que de son vivant King subit les assauts de critiques virulents, que même certains de ses collaborateurs les plus loyaux s'étaient éloignés dans les derniers temps, King mort rassembla la nation. Le 9 avril 1968, 300 000 personnes assistèrent à ses funérailles à Atlanta – sa ville natale –, lors d'une journée de deuil national. Les drapeaux étaient en berne, tandis que des émeutes de colère et de désespoir éclataient dans les ghettos noirs de plus de cent villes, faisant quarante-six victimes.

Récipiendaire du prix Nobel de la paix, Martin Luther King est aussi le seul Américain, avec George Washington, à être commémoré chaque année par un jour férié, le troisième lundi de janvier, et sa mémoire est honorée à travers le monde. Pourtant, que sait-on de cet homme, au-delà du fameux discours *I Have a Dream* ? Au-delà de la légende consensuelle et des honneurs *post-mortem* sous lesquels son histoire disparaît ? Retour sur la vie, plus complexe qu'il n'y paraît, d'une grande figure du XXe siècle[1].

En 1929, année de naissance de King dans une famille de pasteurs noirs d'Atlanta, le sud des États-Unis était juridiquement et socialement régi par le système de la ségrégation.

L'Église était une affaire de famille chez les King : sa mère, Alberta, jouait comme organiste dans l'église baptiste d'Ebenezer, à Atlanta, où son propre père officiait comme pasteur. Le père de King, Michael – il changera de nom dans les années 1930, préférant celui, plus respectable, de « Martin Luther » –, d'origine rurale modeste, avait débuté comme pasteur dans de petites églises des environs d'Atlanta, avant d'épouser Alberta Williams en 1926 et de remplacer son beau-père à la tête de l'église d'Ebenezer en 1932.

Depuis la seconde moitié du XVIIIe siècle, lorsque les esclaves se convertirent massivement au christianisme, les pasteurs noirs ont joué un rôle essentiel dans les communautés afro-américaines. Pendant l'esclavage, l'Église noire, appelée « Église invisible », était quasi clandestine puisque les esclaves avaient interdiction de se réunir indépendamment de leurs maîtres. Les prêcheurs esclaves, souvent illettrés et peu au fait de la théologie, disaient la messe la nuit ou le dimanche, dans des lieux isolés.

Après la guerre de Sécession (1861-1865), les pasteurs conservèrent leur place éminente : ils représentaient leurs fidèles auprès des autorités, organisaient souvent la résistance à la ségrégation, fournissaient des services d'assistance aux pauvres, géraient des orphelinats et des écoles… Ils choisissaient dans la parole biblique des messages de délivrance, comme le récit de Moïse menant son peuple vers la Terre promise, plutôt que la litanie, habituelle chez les Américains protestants, de la dénonciation de l'immoralité des hommes. Aux sermons d'obéissance, ils préféraient les paroles de compassion et la promesse d'une délivrance prochaine. Les services religieux faisaient appel à l'émotion, exprimée par la danse et la musique et permettant d'établir un lien personnel avec Dieu, considéré comme un libérateur et un ami.

Depuis la fin du XIXe siècle, les Églises noires étaient regroupées en associations nationales dont les plus importantes étaient l'African Methodist Episcopal Church et, surtout, la National Baptist Convention, dont le père de King était un dignitaire. Celui-ci était un pasteur noir baptiste typique : bon orateur, mais aussi chef communautaire organisant des soupes populaires pendant la Grande Dépression ou mobilisant ses ouailles pour obtenir le droit de vote.

Comme tous les enfants mâles de la bourgeoisie noire locale, Martin Luther King fut élève au Morehouse College d'Atlanta ; il avait deux ans d'avance. Il songeait alors à une carrière de juriste, tout en se faisant connaître par son caractère aimable et son peu d'appétence pour la religion : lorsqu'un de ses camarades apprit qu'il décida de devenir pasteur, il s'esclaffa tant la nouvelle lui parut incroyable !

Pourtant, en 1948, son diplôme en poche, King entra effectivement au séminaire de Crozer en Pennsylvanie. Ce séjour à Crozer le transforma en étudiant acharné. Peut-être, suggère son biographe Taylor Branch, parce que, pour la première fois de sa vie, il avait affaire à des condisciples blancs et qu'il entendait les dépasser ? King s'initia alors à l'évangélisme social, lut Gandhi. Il était déjà réputé parmi les étudiants pour l'éloquence de ses sermons, qu'il perfectionnait au moyen de cours d'art oratoire ; il apprit à scander ses discours avec ses mains, à poser sa voix.

En 1951, le jeune homme commença des études de doctorat de théologie à Boston University : un choix pour le moins inhabituel. Les pasteurs noirs docteurs en théologie étaient rarissimes et peu appréciés : ils étaient réputés, de par leur éducation, trop abstraits pour attirer les fidèles. Mais King envisageait sans déplaisir une carrière universitaire au cas où aucune église ne voudrait de lui. En juin 1953, il épousa Coretta Scott, qui jouera un rôle discret, mais important, dans le mouvement pour les droits civiques.

L'occasion d'un pastorat se présenta cependant à King en mai 1954 : il accepta alors de diriger l'église baptiste de Dexter, à Montgomery, capitale de l'Alabama, où il restera jusqu'en 1960, date à laquelle il fut nommé à l'église d'Ebenezer. Cet engagement intervint deux semaines après que la Cour suprême rendit l'arrêt *Brown v. Board of Education*, le 17 mai 1954 : celui-ci déclarait anticonstitutionnelle la ségrégation dans les écoles publiques. King commença ainsi sa carrière de pasteur au moment où s'amorçaient les plus grands bouleversements politiques des États-Unis depuis la guerre de Sécession.

Tout occupé à réorganiser son église et à écrire ses sermons, King termina sa thèse en hâte, à tel point qu'il plagia des passages d'autres travaux, comme l'a récemment révélé l'historien Clayborne Carson, éditeur des archives King aux presses universitaires de l'université de Stanford[2]. Au fond, King n'était ni un théologien important ni un intellectuel créatif. Mais il possédait d'autres qualités propres aux grands pasteurs et aux grands politiques : le talent oratoire, l'opiniâtreté, le sens tactique, et aussi, sans doute, la capacité à comprendre précocement son rôle historique. Ce rôle, il eut bientôt l'occasion de le faire valoir.

Depuis quelques années, les militants de la NAACP avaient mis au point une stratégie pour lutter, au cas par cas, contre la ségrégation : il s'agissait de provoquer une arrestation pour déclencher un procès, puis de faire appel, en espérant que la Cour suprême s'emparerait du dossier et finirait par déclarer inconstitutionnelle la ségrégation dans le lieu concerné (école, transports, etc.). La démarche avait été couronnée de succès en 1946, lorsque la Cour suprême rendit illégale la ségrégation dans les bus voyageant d'État à État. C'est cette stratégie également qui triompha avec l'arrêt Brown en 1954.

Il s'agissait une nouvelle fois, par le même stratagème, de mettre fin à la ségrégation dans les bus locaux du Sud. Rosa Parks, couturière noire d'une quarantaine d'années, militante de la NAACP, accepta de lancer la contestation à Montgomery, dans l'Alabama. Le 1er décembre 1955, elle refusa de laisser sa place dans un bus à un voyageur blanc. Le conducteur menaça d'appeler la police : « Ne vous gênez pas », répondit-elle. Elle fut arrêtée sur-le-champ. Dans les jours qui suivent, les Noirs de Montgomery entamèrent le boycottage de la compagnie de bus. L'arme du boycottage n'était pas nouvelle. Elle avait déjà été utilisée dans le Sud, par exemple lorsqu'en 1952, le militant Theodore Howard avait appelé à ne plus fréquenter les stations-service du Mississippi, qui refusaient aux Noirs l'accès à leurs toilettes. Howard sillonna ensuite la région pour populariser ce moyen d'action plus radical que les méthodes juridiques de la NAACP. Il vint même discourir à Montgomery quelques jours avant l'arrestation de Parks.

Au cas où le boycott s'éterniserait, les militants créèrent la Montgomery Improvement Association (MIA) pour faciliter l'entraide entre les passagers noirs. King, homme neuf et qui n'avait pas encore d'ennemis, fut choisi par le chef local de la NAACP, Edgar D. Nixon, et par l'influent pasteur Ralph Abernathy, pour diriger la MIA.

« Si nous avons tort, s'exclama King lors du premier meeting dans une église du centre de Montgomery, alors c'est Dieu tout-puissant qui a tort ! Si nous avons tort, alors, la justice n'est qu'un mensonge ! » La foule répondit de manière enthousiaste. Un orateur était né, avec son lyrisme caractéristique, truffé de métaphores bibliques. Le boycott de Montgomery durera trois cent quatre-vingt-un jours… Plus d'un an sans transports publics ! Un système de covoiturage fut mis en place avec l'aide des automobilistes et de chauffeurs de taxis volontaires, tandis que beaucoup de gens allaient à bicyclette, en carriole à mule, ou simplement à pied sur des kilomètres, de leur domicile à leur lieu de travail. Une collecte de chaussures fut organisée par les églises noires de tout le pays.

La compagnie de bus, dont les véhicules circulaient presque à vide, se trouvait au bord de la faillite. Plusieurs Blancs de la ville, furieux, rejoignirent le Ku Klux Klan et le White Citizens' Council, une organisation fondée en 1954, en principe moins violente que le Klan, mais tout aussi raciste. Des cocktails Molotov et des bâtons de dynamite furent jetés sur les maisons de King et d'Abernathy ainsi que sur des églises.

King fut emprisonné deux semaines à des fins d'intimidation. Le pays tout entier tourna ses yeux vers Montgomery, et le pasteur devint une personnalité nationale. Lors de ses voyages dans le Nord pour lever des fonds, des foules se déplaçaient pour l'entendre. Décriée au début par des caciques de la NAACP, qui se méfiaient des actions militantes de masse au motif qu'elles risquaient d'entraîner une réaction violente des extrémistes blancs, la mobilisation des Noirs par le boycott fut couronnée de succès : en novembre 1956, la Cour suprême autorisa les passagers noirs à s'asseoir où ils voulaient dans les transports en commun du pays. Ce qui commença comme une action judiciaire se transforma en mouvement populaire et non violent. En cela, le boycott des bus de Montgomery est fondateur du mouvement pour les droits civiques. En outre, un homme politique était né.

Cependant, les dirigeants de la NAACP voyaient d'un mauvais œil l'irruption de King sur la scène publique. L'un d'eux, Thurgood Marshall, futur juge de la Cour suprême, le considérait comme un « agitateur irresponsable ». Mais le vent avait tourné : la résistance raciste empêchait l'application des décisions de justice. Ainsi, en 1957, à Little Rock, dans l'Arkansas, le gouverneur Orval Faubus mobilisa la garde nationale et fit fermer les écoles publiques plutôt que d'accepter la déségrégation des établissements scolaires. La ségrégation aujourd'hui, la ségrégation demain, la ségrégation pour toujours ! » pouvait s'exclamer George Wallace, gouverneur de l'Alabama.

La nouvelle génération de militants noirs dut donc trouver d'autres moyens d'action pour abattre la ségrégation et conquérir le droit de vote. En février 1960, une vague de sit-in, inspirée des méthodes de Gandhi en Inde, commença à Greensboro, en Caroline du Nord. Quatre étudiants noirs s'assirent dans la cafétéria d'un magasin Woolworth réservée aux Blancs. Les serveuses – noires – étaient embarrassées, mais personne n'osa expulser les quatre militants. Le lendemain, les protestataires étaient dix-neuf ; on en dénombrait quatre-vingt-cinq le surlendemain. Puis les sit-in s'étendirent à toute la région.

Autre moyen d'action : les *Freedom Rides*, « voyages de la liberté » qui consistaient à faire voyager dans les États du Sud, en bus, des jeunes Noirs et Blancs, les *Riders*, qui apportaient leur soutien à la population noire et testaient les lois de ségrégation. Le premier bus des *Freedom Rides* quitta Washington pour La Nouvelle-Orléans le 4 mai 1961 : le trajet fut émaillé de violences, les Blancs racistes et les autorités entendant mettre fin à cette provocation. Le 13 mai, King accueillit les *Riders* à Atlanta et leur recommanda de ne pas traverser l'Alabama. Peine perdue. Le lendemain, près de la petite ville d'Anniston, une foule vociférante mit le feu au bus et tenta de bloquer ses portes pour que les voyageurs soient brûlés vifs. Un policier les fit sortir *in extremis* et empêcha leur lynchage.

Les rescapés, parvenus à Birmingham, furent attaqués par des membres du Klan. Plusieurs d'entre eux furent hospitalisés, avant d'être chassés en pleine nuit par les médecins qui craignaient l'irruption de la foule manifestant à l'extérieur… Les *Riders* blancs, considérés comme des traîtres à leur race, étaient particulièrement visés. Les militants trouvèrent finalement abri dans une église noire. Leur vie ne tenait plus qu'à un fil : le voyage dut s'interrompre. Mais d'autres furent organisés, de nouveaux *Riders* prenant le relais de celles et de ceux qui étaient jetés en prison, suscitant à chaque fois des vocations.

Les résultats des *Freedom Rides* furent multiples. D'abord, le courage de ces quelque quatre cent cinquante jeunes militants prêts à mettre leur vie en péril galvanisa les Noirs du Sud, notamment ceux des petites villes et des campagnes traversées par les *Riders*[3]. Ensuite, les *Riders* contraignirent le gouvernement fédéral à intervenir, lui qui restait si pusillanime. Jusqu'alors en effet, le pouvoir exécutif américain tergiversait pour déségréguer le Sud. Ainsi, le président Eisenhower, sceptique quant à la possibilité de changer la situation, n'avait consenti qu'en juin 1958 à rencontrer Martin Luther King, après que l'armée avait dû intervenir à Little Rock pour imposer la réouverture des écoles publiques.

Élu en 1960, John Fitzgerald Kennedy était personnellement favorable à la déségrégation, mais ce n'était pas une priorité pour lui. Avec son frère Robert, au ministère de la Justice, ils intervinrent prudemment en faveur des droits civiques – surtout Robert, d'ailleurs, qui finit par persuader John que ceux-ci constituaient une priorité du mandat présidentiel. En 1961, l'*Attorney General* (l'équivalent du ministre français de la Justice) exprima la position officielle de l'administration : « Je pense que la décision de déségréguer les écoles publiques était la bonne. Mais mon avis n'a pas d'importance. C'est la loi. Certains pensent que c'était une mauvaise décision. Peu importe. C'est la loi. » À l'été 1961, il exigea que les gares routières soient déségréguées et mobilisa la garde nationale pour escorter les bus des *Riders.*

Le troisième effet des *Freedom Rides* fut de révéler à tous les Américains la violence des partisans de la ségrégation par l'intermédiaire de la télévision naissante. Car le mouvement pour les droits civiques fut aussi une bataille de communication. Et ça, Martin Luther King l'a compris le premier. Les méthodes d'action, les lieux d'intervention étaient choisis pour bénéficier du plus grand retentissement médiatique possible. Mais le succès ne fut pas toujours au rendez-vous.

Ainsi en 1961 à Albany, une petite ville tranquille de Géorgie où un groupe très actif de militants organisa, à partir de l'été, des manifestations, des sit-in, des boycotts : le but était de mobiliser la population noire et de pousser les autorités locales à intervenir brutalement, ce qui attirerait l'attention des médias et pousserait le gouvernement à réagir.

King arriva à Albany en décembre pour évaluer la situation et donner des conseils. Mais le chef de la police, Laurie Pritchett, comprit qu'il devait éviter les confrontations violentes ainsi que le regroupement des militants arrêtés dans la même prison. En outre, les manifestants commirent l'erreur de protester trop généralement contre la ségrégation, sans choisir un lieu ou une institution précise qui cristalliserait les énergies. Et puis des divisions se firent jour entre les jeunes Noirs radicaux, qui voulaient en découdre avec la police, et King, qui tenait aux principes de non-violence. Le mouvement s'étiola peu à peu. Mais la leçon d'Albany, à savoir déterminer un objectif précis pour garantir l'efficacité de la contestation, fut retenue pour la suite.

L'attention du pasteur se déplaça alors vers Birmingham, dans l'Alabama voisin. King s'y rendit au printemps 1963, à la demande d'un pasteur local, Fred Shuttlesworth, militant des droits civiques, qui avait échappé à plusieurs attentats du Ku Klux Klan. Ensemble, ils mirent au point le projet « C » comme « Confrontation » visant à exposer crûment la violence de la police locale, et en particulier de son chef, « Bull » O'Connor. Une manifestation réunissant des hommes, des femmes et des enfants fut organisée contre laquelle les forces de l'ordre utilisèrent des lances à eau redoutables de 50 kilogrammes de pression par centimètre carré, des gaz lacrymogènes, des chiens d'attaque.

Le spectacle des manifestants lacérés par les crocs des chiens et culbutés par les jets d'eau fit le tour du monde. Plus de trois mille personnes furent emprisonnées, parmi lesquelles Martin Luther King. C'est lors de ce séjour en prison que le pasteur écrivit sa fameuse « Lettre de la prison de Birmingham », où il affirma la nécessité de la désobéissance civique et des actions de protestation non violentes, aux résultats plus rapides que les décisions juridiques ou législatives : « Pendant des années j'ai entendu le mot "attendez", mais c'est un mot qui signifie "jamais". [...] Nous attendons depuis plus de trois cent quarante ans... il y a un moment où la patience est à bout, et où les hommes ne veulent plus vivre dans les abysses du désespoir. »

Les violences de Birmingham se soldèrent, le 15 septembre 1963, par la mort de quatre adolescentes dans un attentat perpétré par des membres du Klan dans une église baptiste connue pour être un centre actif du mouvement des droits civiques ; deux autres jeunes de 13 et 16 ans furent tués, à leur tour, par la police, lors de la manifestation de protestation qui suivit.

Mais Martin Luther King se trouvait déjà sur d'autres fronts. À l'été 1963, une grande manifestation pour les droits civiques était prévue à Washington. Tous les militants ne s'accordaient pas sur son objectif. S'agissait-il de soutenir Kennedy face aux Démocrates sudistes du Congrès, les partisans les plus acharnés de la ségrégation, comme le souhaitaient les plus modérés, ou de dénoncer la mollesse de l'administration fédérale, comme l'entendaient les plus radicaux ? Pour King, cette marche devait servir à présenter devant la Maison-Blanche les revendications des Noirs et à démontrer la popularité nationale du mouvement. Et puis Washington était alors une ville très sudiste, avec une majorité noire vivant dans des conditions de pauvreté sordides, soumis à une très dure ségrégation.

En prévision de l'événement, les télévisions avaient installé plus de caméras que pour l'inauguration officielle du président. Dans la matinée du 28 août, une myriade de bus, d'automobiles et de trains convergea vers la capitale, déversant sur les pelouses du *mall* plus de 250 000 personnes venues de tout le pays. Dans la moiteur de la fin d'après-midi, après bien d'autres orateurs, King prit enfin la parole.

Avec ses intonations caractéristiques, il dénonça l'oppression, promit de continuer la lutte jusqu'à la victoire, affirma que les Noirs ne seraient pas satisfaits tant qu'on les parquerait dans des ghettos sans espoir, demanda que justice passe. Le discours était écrit, bien écrit même, mais pas inoubliable et un peu court. Suivant l'encouragement d'une voix féminine l'exhortant à poursuivre, et sentant que la foule attendait plus, le grand orateur se lança alors dans une improvisation à la rhétorique typique des sermons des églises baptistes noires, notamment par l'utilisation de l'anaphore, c'est-à-dire de la répétition d'un mot ou d'un groupe de mots : « *I have a dream* » est répété huit fois, « *let freedom ring* », « que la liberté résonne » quatre. À chaque fois, la foule approuva en criant « *Amen !* ».

Ce discours ne mit pas fin au racisme ni à la pauvreté ; il n'empêcha pas les ghettos d'exploser et les partisans de la ségrégation de dynamiter les églises et de brûler des croix enflammées. Mais il transforma une manifestation en événement historique par le rappel des idéaux de justice et d'égalité, par la demande que la couleur de peau ne soit pas un handicap ou un malheur aux États-Unis. Un siècle plus tôt, le 19 novembre 1863, Lincoln avait prononcé son discours de Gettysburg dans lequel il interprétait la guerre de Sécession comme une lutte pour la liberté, dans la lignée des idéaux fondateurs de son pays. Le discours de King lui faisait écho, et se hissa à son niveau.

Dans la foulée du discours de Washington, le magazine *Time* fit de King son « homme de l'année » pour 1963. Surtout, le prix Nobel de la paix lui fut attribué l'année suivante. La place centrale de King dans le mouvement des droits civiques était reconnue de tous.

Dans son discours de remerciement à l'université d'Oslo, le 11 décembre 1964, King suggéra que le prix lui avait été attribué pour saluer la méthode de la non-violence, et il élargit son propos aux questions de pauvreté : « Les nations opulentes doivent faire leur possible pour combler le gouffre entre la minorité riche et la majorité pauvre. » Mais King, tenté de « rester au sommet de la montagne », affirmait aussi qu'il devait « retourner dans la vallée, une vallée où des milliers de Noirs sont brutalisés, intimidés, et parfois tués dès qu'ils tentent de s'inscrire sur les listes électorales pour exercer leur droit de vote »[4].

Dans la « vallée », King y retourna dès les premiers mois de 1965. Il s'agissait en effet d'œuvrer pour que partout les Noirs puissent s'inscrire normalement sur les listes électorales. Ainsi à Selma, dans l'Alabama, seuls 1 % des habitants noirs pouvaient voter, la commission d'inscription n'ouvrant ses portes que deux jours par mois, selon des horaires imprévisibles... En 1965, trois marches de protestation furent organisées, de Selma à Montgomery, à 80 kilomètres. La première, le 7 mars, fut bloquée par la police sur un pont enjambant la rivière Alabama : dix-sept marcheurs furent blessés, certains gravement, au cours de cette journée passée à la postérité sous le nom de *Bloody Sunday*, « le dimanche sanglant ». La deuxième marche, deux jours plus tard, menée par King, rebroussa chemin pour éviter une nouvelle confrontation. La troisième marche intervint le 19 mars 1965. King en était aussi. Le cortège s'étira sur la route nationale 80 vers Montgomery, essuyant sur son passage insultes et coups.

Les événements de Selma, après ceux de Birmingham et le discours de Washington, émurent l'Amérique tout entière. Un an après le vote de la loi en faveur des droits civiques, qui rendit illégale la ségrégation dans les lieux publics, le président Johnson signa enfin la loi sur le droit de vote en juillet 1965 : elle interdit tous les stratagèmes juridiques pour empêcher les Noirs d'en bénéficier.

Incontestablement, ces mobilisations s'étaient révélées indispensables à l'obtention des droits civiques. Aux yeux des historiens en effet, il est clair que sans la mobilisation populaire pour les droits civiques et sa couverture par les médias, qui obligèrent le pouvoir politique à intervenir, la ségrégation serait restée en place. C'est ce que King comprit le premier : des manifestations non violentes constituaient le moyen le plus efficace pour abattre la citadelle « Jim Crow ».

King pouvait dès lors tourner son attention vers d'autres problèmes, au-delà du Sud. Il s'intéressa d'abord à la situation dans le nord des États-Unis. Depuis la Première Guerre mondiale, des milliers de Noirs du Sud avaient migré vers les grands centres urbains du Nord où, en principe, leurs droits civiques étaient respectés. Chicago était ainsi devenu la « capitale noire » des États-Unis. Mais, si la ségrégation n'y existait pas en droit, elle était appliquée de fait : à Chicago comme à New York, Detroit ou d'autres mégapoles, les Noirs vivaient dans des quartiers réservés, ghettos d'où ils ne peuvent sortir et où la misère se trouve concentrée. C'est à cette ségrégation spatiale que King tenta désormais de s'attaquer. Mais fin 1966, il quitta Chicago sans avoir réussi à améliorer la situation. Le séjour à Chicago accentua la dimension de classe dans l'analyse par le pasteur des inégalités en Amérique. En 1967 et 1968, son discours politique se gauchisa : King dénonça les méfaits du capitalisme et souhaita même que les États-Unis se dirigent vers une forme de « socialisme démocratique ». Tout en condamnant le communisme, matérialiste et dictatorial, il exprimait des idées qui le plaçaient à gauche du Parti démocrate et l'isolaient des élites politiques. En outre, son opposition à la guerre du Vietnam, exprimée *mezzo voce* dès 1965, puis vigoureusement à partir de 1967, lui aliéna le gouvernement et attisa les soupçons du FBI.

Le point culminant de l'évolution politique de King fut la *Poor People's Campaign*, la « campagne des pauvres gens », lancée en 1968 afin de mobiliser les plus démunis selon les recettes éprouvées des droits civiques. Le projet consistait à faire converger les « pauvres gens » vers Washington afin de réclamer un salaire minimum, de meilleures conditions de logement, etc. Mais King ne parvint pas à entraîner les autres figures des droits civiques, qui considéraient ses demandes comme irréalistes et risquant d'entraîner, par réaction, le retour des conservateurs au pouvoir. C'est dans cette situation difficile que King se trouvait, le 4 avril 1968, lorsque sa vie prit brutalement fin sur le balcon du motel Lorraine.

Cette dernière phase de la vie de King a fait l'objet de moins d'attention publique et scientifique que les années de gloire qui précèdent. Elle témoigne d'un homme moins consensuel que son mythe *post-mortem*. D'un homme de plus en plus seul et fatigué qui réfléchissait à la manière d'élargir le mouvement qu'il lança treize ans plus tôt à des questions qui n'étaient plus seulement raciales, mais qui relevaient de la place des États-Unis dans le monde et des inégalités sociales produites par leur économie. Un programme sans doute trop ambitieux, eu égard à un rapport de force politique qui ne lui était pas favorable sur ces terrains-là.

IX

JFK : voulait-il vraiment des droits pour les Noirs ?

Pour Kennedy, la question des droits des Noirs était loin d'être une priorité. Mais elle prit sous son mandat des proportions nouvelles. Et finit par imposer au président d'ouvrir un chantier qui n'était pas le sien.

Au moment de l'élection de Kennedy, le 8 novembre 1960, le mouvement pour les droits civiques était déjà bien lancé. Le boycott des bus de Montgomery (Alabama) initié par Rosa Parks en 1956, la création de la SCLC de Martin Luther King et l'activisme des jeunes militants du Student Nonviolent Coordinating Committee (SNCC) et du Congress of Racial Equality (CORE) avaient placé la situation des Noirs dans le sud des États-Unis au centre de la politique américaine. Les gains politiques, cependant, étaient encore modestes, tant la résistance des partisans de la ségrégation était forte. En outre, à Washington, le pouvoir exécutif s'était jusque-là montré hésitant.

Si la Cour suprême avait interdit la ségrégation dans les écoles publiques par le fameux arrêt *Brown v. Board of Education* de 1954, celle-ci restait *de facto* une réalité du Sud, faute de volonté pour faire respecter la loi. Le président Eisenhower ne faisait pas mystère de son scepticisme quant à la possibilité de changer la situation : « On ne légifère pas sur la morale », expliquait-il. Il soutint du bout des lèvres la décision Brown, tout en pestant en privé contre le président de la Cour suprême, Earl Warren, dont la nomination par lui-même avait été « la plus foutue erreur que j'aie jamais faite », selon ses dires.

Eisenhower avait gardé de l'armée un comportement paternaliste et condescendant à l'égard des Noirs, et lui-même ne consentit à rencontrer Martin Luther King qu'en juin 1958, après l'affaire des « neuf » de Little Rock où l'armée avait été envoyée en dépit de ses réticences. Bref, Eisenhower ne fit pratiquement rien pour les militants des droits civiques, non par sympathie pour le Sud raciste, mais parce que le sujet lui paraissait secondaire et de nature à diviser le pays.

En s'installant à la Maison-Blanche, Kennedy ne suscitait pas l'enthousiasme des militants africains-américains, tant s'en faut. Pendant la campagne présidentielle, le jeune sénateur du Massachusetts ne s'était pas engagé à grand-chose auprès d'eux. Lors de la convention démocrate de Los Angeles, en juillet 1960, plusieurs militants des droits civiques étaient présents, dont King et le syndicaliste A. Philip Randolph, pour faire pression sur les délégués et les candidats à la nomination. Kennedy n'était pas particulièrement leur favori, mais ils ne voulaient surtout pas de Lyndon B. Johnson, inamovible sénateur texan aux accointances sudistes[1].

En outre, les élites noires du Sud, cette petite fraction de la population afro-américaine qui pouvait voter, penchaient par tradition pour le républicain Nixon, tant le Parti démocrate, pilier de la ségrégation, y était honni. Une célébrité comme le champion de base-ball Jackie Robinson fit ainsi campagne pour Nixon. King estimait qu'il n'y avait guère de différences entre Kennedy et Nixon sur les droits civiques, mais il était quand même disposé à soutenir le démocrate, pour peu que celui-ci fît un effort. Mais Kennedy, qui avait besoin de l'électorat blanc démocrate du Sud, marchait sur des œufs. Il y avait bien, dans son équipe, un petit groupe, autour de Harris Wofford et Sargent Shriver, qui s'occupait des droits civiques, mais celui-ci ne pesait pas lourd dans les arbitrages.

Même si les électeurs noirs n'étaient pas du tout enthousiasmés par Kennedy, d'autant qu'il s'était associé à Johnson, ils votèrent pour lui dans une proportion forte (70 %), par contraste avec la précédente élection, en 1956, où Eisenhower avait obtenu 60 % des suffrages afro-américains. À lui seul, ce déplacement électoral des électeurs noirs américains rend compte de la victoire étriquée de Kennedy, bien plus que les éventuels bourrages d'urnes du crime organisé de Chicago.

Par contraste avec une historiographie bienveillante, inscrite dans l'ombre portée d'une présidence populaire et tragiquement interrompue, beaucoup d'historiens soulignent aujourd'hui les continuités entre Kennedy et Eisenhower, y compris en ce qui concerne les droits civiques des Africains-Américains[2].

Un peu comme son prédécesseur à la Maison-Blanche, Kennedy considérait la ségrégation comme une relique à éliminer, mais la question n'était pas du tout prioritaire à ses yeux, lui qui consacrait l'essentiel de son temps à la politique étrangère.

Il était favorable à des progrès raisonnés, organisés posément sans indisposer quiconque, surtout les Sudistes blancs. Souvent, son impatience, son exaspération à l'égard des demandes des militants noirs se faisaient sentir, en dépit des efforts négociateurs de son frère Robert, *Attorney General*, pour rapprocher les points de vue. Mais pour les Noirs, il n'était plus question de patienter et d'attendre paisiblement l'amélioration de leur sort : « Être noir dans ce pays et avoir un minimum de conscience, c'est être en colère tout le temps », avertissait l'écrivain et militant des droits civiques James Baldwin en 1961.

C'est donc le mouvement pour les droits civiques qui s'imposa au président et lui dicta un tempo rapide qui n'était pas le sien. Kennedy a constamment couru derrière les multiples initiatives militantes. Au vrai, dès la prise de fonctions du nouveau président, la stratégie des militants des droits civiques était bien en place pour organiser des actions pour susciter une réaction violente des partisans de la ségrégation et pousser l'État fédéral à intervenir. Ce fut le cas pendant l'été 1961 avec les *Freedom Riders*. Violences et arrestations par les polices locales se multipliant, Robert Kennedy mobilisa la garde nationale pour escorter les bus, puis, à sa demande, l'Interstate Commerce Commission mit fin *de facto* à la ségrégation dans les gares routières utilisées par les compagnies de bus interrégionales. Mais on était loin, du côté du pouvoir exécutif, d'une action décisive en faveur des droits civiques.

Kennedy refusa de proposer un projet de loi des droits civiques en 1961 et 1962, alors même que le programme du Parti démocrate le prévoyait, pour ne pas s'aliéner de puissants élus sudistes comme le sénateur James Eastland du Mississippi, président de la commission des lois du Sénat. Il refusa même d'abolir par décret la ségrégation dans les logements subventionnés par l'État, ce qui ne lui réclamait pourtant qu'une signature. L'indifférence de Kennedy sur ces questions se mesure à la réponse désinvolte, digne de Marie-Antoinette, qu'il fit donner à des diplomates africains qui se plaignaient de n'être pas servis dans certains restaurants de la région de Washington : « Dites à ces ambassadeurs africains de ne pas prendre la route 40… dites-leur de prendre l'avion ! »

Le souci principal du président tenait à des questions internationales : il avait compris que la ségrégation nuisait à l'image des États-Unis dans le monde, mais il en tirait benoîtement la conclusion que les militants noirs devaient se « calmer », à quoi son conseiller Harris Wofford lui répondit avec à-propos que « ça faisait cent cinquante ans qu'ils se calmaient ».

Quant à J. Edgar Hoover, le directeur du FBI, obsédé par le complot communiste dont le mouvement des droits civiques n'était pour lui que le faux-nez, il resta en place avec tout pouvoir d'enquête. Robert Kennedy l'autorisa à surveiller Martin Luther King au motif de ses liens supposés avec des communistes, en particulier l'avocat Stanley Levison. Comme il se doit avec Hoover, le FBI ne se contenta pas d'espionner les activités politiques, mais il enquêta sans limite sur la vie privée de King, espérant trouver de quoi exercer un chantage sur le leader noir. Il est probable que Kennedy craignait Hoover, qui savait tout de ses conquêtes féminines, et qu'il le laissa agir à sa guise.

En tout cas, la mollesse et l'embarras de la Maison-Blanche enrageaient les militants des droits civiques. Les frères Kennedy préféraient négocier au téléphone avec les autorités sudistes pour entamer leur intransigeance, réclamer la libération de tel ou tel, en veillant poliment à ne pas empiéter sur les pouvoirs des exécutifs locaux. Ce n'était pas comme cela que le rapport de force politique dans le Sud allait changer…

En septembre 1962, Ross Barnett, le gouverneur du Mississippi, s'opposa violemment à l'entrée de l'étudiant noir James Meredith à l'université de son État. À Washington, le président temporisa, voulant « fermer le chapitre rapidement et en douceur » et laissant à Robert Kennedy, plus engagé sur la question, le soin de menacer Barnett, dont l'intransigeance et les mensonges déclenchèrent finalement l'intervention de l'armée.

Mais le tournant décisif survint au printemps 1963 avec les événements de Birmingham.

C'est à ce moment que les Américains, effarés, basculèrent majoritairement en faveur d'une action fédérale pour les droits civiques. Kennedy, en fin politique, comprit rapidement qu'il devait durcir son discours et agir. Il craignait désormais une explosion de violence dans le Sud, qui aurait eu des conséquences catastrophiques à l'intérieur et à l'extérieur du pays.

En juin 1963, il donna son accord à la préparation d'une loi interdisant la ségrégation dans les lieux publics, et il s'engagea avec une ferveur nouvelle : « Si un Américain, parce qu'il a la peau sombre, ne peut déjeuner dans un restaurant, s'il ne peut envoyer ses enfants dans les meilleures écoles publiques, s'il ne peut voter pour les candidats qui le représenteront, bref, s'il ne peut jouir de la vie libre que nous voulons tous, alors qui parmi nous accepterait de changer sa couleur de peau et d'être à sa place ? »

Mais la loi proposée ne réglait ni la question du droit de vote ni celle des discriminations sur le marché du travail. Les dirigeants du mouvement décidèrent donc d'organiser une marche à Washington « pour les emplois et la liberté ». Elle était prévue le 28 août. Kennedy et ses conseillers firent leur possible pour dissuader les organisateurs, en arguant que leur projet braquerait les opposants à la loi et risquerait de tout faire échouer. On transigea finalement, King, Randolph, Wilkins acceptant de réduire la manifestation à un rassemblement autour du Lincoln Memorial. On convint que les Blancs seraient encouragés à y participer, que les manifestants seraient convenablement habillés et que les magasins d'alcool de Washington seraient fermés ce jour-là (des clauses jugées offensantes par beaucoup de militants). Jusqu'à la dernière minute, Kennedy s'activa pour modérer les discours des intervenants, allant jusqu'à envisager de couper les micros au cas où les discours prendraient une tonalité trop radicale ! L'immense foule qui se rassembla le 28 août n'avait aucune idée de ces tractations en coulisses. Le retentissement du fameux discours de King, *I Have a Dream*, n'accéléra pas du tout le parcours législatif de la loi sur les droits civiques, finalement votée un an plus tard, bien après la mort de Kennedy. Mais il transforma une manifestation en événement historique, par le rappel éloquent des idéaux de justice et d'égalité, un siècle après la Proclamation d'émancipation.

La manifestation laissa néanmoins un goût amer aux organisateurs, satisfaits de son importance, mais qui savaient aussi à quel point il avait fallu l'imposer à un Kennedy plus préoccupé d'ordre que de justice. En dépit des espoirs qu'il avait soulevés, presque malgré lui, au sein de la population afro-américaine, Kennedy n'eut pas la volonté de saisir à bras-le-corps la question des droits civiques, qu'il traîna comme un boulet pendant trois ans ; il ne voulut pas affronter directement les élus démocrates du Sud ; sa loi sur les droits civiques était engluée au Congrès à l'automne 1963.

Son successeur Lyndon Johnson consacra quant à lui les premiers mois de sa présidence au vote de cette loi en persuadant les sénateurs hésitants un par un, un peu comme Lincoln l'avait fait, un siècle plus tôt, pour le passage du 13e amendement abolissant l'esclavage. Un militant proche de King, Bayard Rustin, concéda que Johnson avait fait « plus que n'importe quelle autre administration », en regrettant la rencontre finalement manquée entre Kennedy et le mouvement social le plus important de l'histoire de son pays.

King et Kennedy
Pièce en trois actes

1. La rencontre

John Kennedy et Martin Luther King se rencontrèrent pour la première fois en juin 1960, lors d'un petit déjeuner à New York, un mois avant la convention démocrate. King était impatient de faire la connaissance du jeune sénateur, pour lui faire part de son mécontentement à l'égard de l'administration Eisenhower, indifférente aux droits civiques des Noirs, mais aussi pour le sonder sur ses intentions et surtout pour se faire une idée de l'homme. King rédigea par la suite un compte rendu de la rencontre : Kennedy, écrit-il, lui fit bonne impression et lui assura que s'il était élu, il serait un président qui ferait des droits civiques une priorité. Le leader noir lui reprocha d'avoir manœuvré, après l'avoir votée, contre une proposition de loi sur les droits civiques, pourtant très prudente. Kennedy fit amende honorable en expliquant que son point de vue avait évolué depuis. « Kennedy savait que la ségrégation était moralement mauvaise [...] mais je voyais qu'il n'avait pas d'engagement émotionnel là-dessus. Il n'était pas assez au fait du problème. Il ne connaissait pas de Noirs personnellement... J'ai eu l'impression que c'était un engagement abstrait. »

King était finalement partagé entre son souhait de changement politique au sommet de l'État et une certaine perplexité à l'égard d'un candidat très étranger au monde africain-américain et à ses demandes politiques. Ce n'était pas suffisant pour soutenir Kennedy officiellement, même si King vota en sa faveur.

2. Sortir King de prison

En octobre 1960, alors que la campagne battait son plein, King fut emprisonné à la suite d'un sit-in visant à déségréguer les cafétérias d'Atlanta. En dépit du retrait de la plainte des commerçants, les autorités locales arguèrent d'un délit mineur relatif à un permis de conduire non valide pour le maintenir sous les verrous. Kennedy appela alors sa femme, Coretta Scott King, qui contacta Robert Kennedy afin qu'il s'active auprès du juge local. King fut libéré le lendemain. Il en fut reconnaissant à Kennedy, par contraste avec le peu d'estime qu'il avait pour Nixon, qui ne bougea pas, bien qu'ils se connussent personnellement depuis leur première rencontre au Ghana en 1957. De même en avril 1963 à Birmingham, King, de nouveau emprisonné à la suite d'une manifestation (c'était sa treizième arrestation), fut libéré après une intervention des frères Kennedy. Les interventions de la Maison-Blanche procédaient surtout d'une crainte : les arrestations de King faisaient scandale dans le monde entier, faisaient enrager les militants, prompts à accuser l'administration Kennedy de mollesse, et nul ne pouvait garantir la sécurité du leader noir dans les prisons de l'Alabama et du Mississippi. Il fallait protéger King à tout prix.

3. L'espoir déçu

C'est dans les derniers mois de la présidence Kennedy, après les événements de Birmingham, que les deux hommes se rapprochèrent. Ils se rencontrèrent à plusieurs reprises pour négocier la fameuse loi sur les droits civiques. King ne se faisait guère d'illusions sur Kennedy, mais il se réjouissait tout de même de son engagement plus affirmé. Le 19 septembre 1963, après le meurtre de quatre jeunes filles noires dans l'explosion criminelle d'une église de Birmingham, King se rendit à la Maison-Blanche : « Nous sommes venus vous voir parce que nous pensons que la situation à Birmingham est si sérieuse qu'elle menace non seulement la vie et la stabilité de la ville et de l'Alabama, mais aussi de toute la nation. » King poursuit : « Quand j'ai quitté la Maison-Blanche, j'étais plein d'espoir que quelque chose serait finalement fait... » Mais il ajoute aussitôt que « c'était une erreur ». La déception de King transparaît à chaque ligne de ses écrits, à propos des « larmes de crocodile » des hommes au pouvoir. Cela ne l'empêcha pas de prononcer un éloge de Kennedy en novembre 1963, en faisant allusion aux « deux Kennedy » : celui des débuts, hésitant et mou ; celui des derniers temps, qui commençait à comprendre la nécessité du changement social.

X

Aux origines du Black Power

Étés longs et chauds, émeutes meurtrières de Harlem ou de Watts… À partir du milieu des années 1960, le mouvement Black Power fait la une de l'actualité américaine, en présentant une facette plus amère et plus violente de la revendication noire que le mouvement pour les droits civiques porté par Martin Luther King, un homme déterminé mais conciliateur. Dans ces mêmes années où, après de longues luttes, sont votées en 1964 et 1965 les lois d'égalité civile et civique, les Américains médusés assistent à l'explosion de nouvelles formes de protestations, beaucoup plus radicales. Ce paradoxe n'en est pas un. Le Black Power n'est pas né de rien : il s'enracine dans l'histoire politique des Noirs américains dans les mégapoles du nord et de l'ouest des États-Unis depuis le début du XXe siècle et la « grande migration », qui mena des centaines de milliers de Noirs des campagnes du Sud vers les villes industrielles du Nord.

Naissance des ghettos

Vers 1900, l'immense majorité de la population noire était encore concentrée dans le Sud rural, là où l'esclavage avait régné en maître jusqu'en 1865 et où existait un système de ségrégation légale depuis les années 1880. La Première Guerre mondiale représenta un tournant décisif, puisque la réduction drastique de l'immigration européenne, au moment où l'industrie américaine, dopée par les gigantesques commandes de guerre, avait un besoin urgent d'ouvriers, entraîna le recrutement de Noirs du sud du pays. La misère des métayers noirs et la terreur des lynchages les poussaient à partir vers les centres industriels du nord des États-Unis.

La migration prit des proportions telles pendant la guerre et l'après-guerre que la société américaine tout entière en fut bouleversée. La population noire de Chicago passa de 44 000 personnes en 1910 à 110 000 personnes en 1920, puis 234 000 en 1930. L'autre grande ville de cette migration, New York, vit sa population noire passer de 60 000 personnes en 1900 à 328 000 personnes en 1930. Dans ces deux villes comme à Detroit, Philadelphie, Cleveland, Buffalo, Rochester, Boston, et, à partir des années 1940 surtout, dans les villes de Californie (Los Angeles, Oakland), de vastes quartiers noirs se constituaient. Plus la population noire augmentait, plus elle tendait à se concentrer dans une seule et immense zone en raison d'une ségrégation spatiale renforcée : le spectre d'une « invasion noire » accentua la détermination de la population blanche à maintenir les Africains-Américains à distance respectable[1].

Même si la ségrégation était moins féroce que dans le Sud, elle existait bien en pratique, puisqu'il était impossible pour une famille noire d'acheter ou de louer un logement en dehors des quartiers réservés. Agents immobiliers et propriétaires refusaient de vendre ou de louer à des Noirs, suivant en cela des clauses restrictives inscrites dans les actes de propriété (les « *racial covenants* »), des clauses qui furent interdites en 1948 par la Cour suprême[2].

À la suite du sociologue Louis Wirth, de l'école de sociologie de Chicago, le terme « ghetto » s'est imposé pour décrire les quartiers noirs américains – avant d'être remis en cause depuis les années 1980 en raison de son misérabilisme.

En effet, le ghetto n'était pas que le produit de la ségrégation spatiale : il était aussi un lieu où les nouveaux venus avaient le sentiment d'échapper à la violence du Sud, rejoignaient des membres de leur famille et de la région qu'ils avaient quittée, bref, un quartier qui amortissait socialement et culturellement le choc migratoire, semblable en cela aux autres quartiers ethniques de la ville américaine. Le ghetto était également socialement stratifié, composé majoritairement d'ouvriers à la semaine, mais où l'on trouvait une petite classe moyenne d'employés, d'enseignants, et une encore plus petite élite d'hommes d'affaires prospères. C'est à Harlem, dans le South Side de Chicago, le West Side de Philadelphie et d'autres quartiers noirs que les musiciens venus du delta du Mississippi, de La Nouvelle-Orléans ou de Géorgie réinventèrent le jazz et le blues. Le guitariste Eddie Condon disait que, dans les années 1920, « une trompette brandie dans l'air nocturne du Stroll de Chicago aurait pu jouer toute seule ».

Il n'empêche que, dès leur apparition, les ghettos noirs des grandes villes industrielles concentraient une population pauvre, vivant dans des logements délabrés, ne bénéficiant que des emplois les plus pénibles et les moins payés. Derniers à être embauchés, premiers à être licenciés, les ouvriers noirs subissaient de plein fouet les moindres variations du marché du travail, *a fortiori* lors de la Grande Dépression de 1929, qui dévasta les quartiers noirs. Si, en période de prospérité, les Noirs étaient volontiers engagés dans les échelons inférieurs de l'échelle des emplois industriels, ils ne progressaient pas et restaient confinés tout en bas. Cela était dû aux préventions des employeurs, qui estimaient que les Noirs étaient dotés de qualités physiques bien adaptées aux travaux pénibles, mais aussi aux ouvriers blancs qui ne voulaient pas être concurrencés sur le marché du travail des ouvriers qualifiés et des contremaîtres.

Pour les ouvriers noirs, la mobilité du travail était horizontale, en se manifestant par un turn-over relativement élevé (sauf en période de crise économique), plutôt que verticale. On les acceptait certes comme ouvriers semi-qualifiés de la grande industrie, ou dans les activités de service (domesticité, cuisines, porteurs), ce qui était un progrès notable par rapport au début du XXe siècle, mais la porte n'était qu'entrouverte, puisque conserver le travail en question était la seule perspective envisageable pour eux.

Le ghetto moderne

Louis Wirth, représentant éminent de l'école de sociologie de Chicago, publia *Le Ghetto* en 1928, ouvrage issu de sa thèse de doctorat[3]. Né en 1897 en Allemagne, au sein d'une famille juive pieuse, Wirth s'installa aux États-Unis en 1911 avant d'accomplir toutes ses études à l'université de Chicago. Cet itinéraire le conduisit à s'intéresser aux migrants juifs de Chicago. En bon héritier de Robert Park[4], Wirth décrit le ghetto juif de Chicago comme un quartier permettant aux migrants de s'adapter culturellement à leur nouvelle vie : « une communauté culturelle qui exprime un héritage commun, un fond de traditions et de sentiments communs ». Par extension, il assimile au ghetto juif les « petites Siciles, petites Polognes, chinatowns et quartiers noirs de nos grandes villes ». Dans un second temps, les interactions croissantes avec la culture dominante aboutissent, selon le sociologue, à un effacement progressif du ghetto, dans une dynamique assimilationniste.

Après la Seconde Guerre mondiale, les sociologues américains (y compris Wirth, qui évolua sur la question) insistèrent sur le confinement spatial, l'isolement et la contrainte que le ghetto représentait : de préférence à une formation sociale « naturelle » des villes de migrants, ces quartiers sont surtout le produit d'une violence sociale institutionnelle ; ils ne résultent pas d'un choix culturel. Le ghetto noir était l'archétype de ce ghetto de ségrégation, et il fut l'objet de travaux importants dans les années 1960. Certes, la dimension centrale de la relégation n'exclut pas les aspects socioculturels : les Noirs des ghettos américains développèrent des institutions sociales et des cultures propres (comme le *blues* du South Side de Chicago) leur permettant de résister à la violence subie et de rendre la vie supportable. Il n'en demeure pas moins que la définition contemporaine du ghetto a mis prioritairement l'accent sur l'exclusion et le contrôle social.

Les nouvelles formes de la lutte

Les quartiers noirs ont toujours été des lieux politiques. Tout d'abord, leurs habitants avaient la possibilité de voter, contrairement aux Noirs du Sud. À Chicago, leur nombre croissant permit l'élection en 1929 du républicain Oscar DePriest, premier représentant noir au Congrès de Washington au XXe siècle, qui déposa en vain une proposition de loi interdisant les lynchages – il y en avait aussi dans le Nord. De DePriest à Barack Obama, en passant par Harold Washington, premier maire noir de la ville de 1983 à 1987, le South Side de Chicago a été la capitale politique des Noirs américains.

Mais ce fut surtout l'Universal Negro Improvement Association (UNIA) qui marqua les esprits à la fin des années 1910 et au début des années 1920. Fondée en 1914 par le charismatique Marcus Garvey, originaire de Jamaïque, l'UNIA était une organisation nationaliste noire visant à rassembler la « diaspora africaine » et à encourager des formes de retour vers la terre des ancêtres. À son sommet, l'UNIA rassemblait aux États-Unis plusieurs centaines de milliers d'adhérents, la grande majorité dans les mondes populaires noirs des villes principales, à commencer par Harlem, centre névralgique de l'association, là où Garvey avait installé ses bureaux. Un journal, *Negro World*, diffusait le discours messianique de Garvey, une compagnie maritime, la Black Star Line (une « étoile noire » qui allait orner plus tard le drapeau du Ghana) visait à transporter hommes et marchandises vers et depuis l'Afrique ; un drapeau rouge, noir et vert symbolisait le panafricanisme.

Après la condamnation pour fraude de Garvey en 1925 et son expulsion des États-Unis deux ans plus tard grâce aux bons soins du FBI, l'UNIA, minée par des divisions internes, déclina irrémédiablement, tout en laissant une empreinte profonde dans la société noire américaine. Le garveyisme transformait en sujet de fierté ce dont la société blanche voulait faire honte : la *blackness*, « le fait d'être noir ». Même si Garvey n'était pas marxiste, lui qui militait pour le développement capitaliste des mondes noirs, son discours nationaliste influença les mouvements des années 1960, mais dans des versions plus marxisantes. Les traditions familiales militantes de l'UNIA se prolongèrent d'une génération à l'autre. La ville d'Oakland, en Californie, berceau des Black Panthers, abritait une section importante de l'UNIA dans les années 1920 et 1930. Les parents de Malcolm X et de bien d'autres activistes des années 1960 étaient des membres de l'UNIA qui transmirent à leurs enfants des savoirs militants et intellectuels.

Les quartiers noirs étaient aussi des lieux de mobilisation politique non institutionnelle. Bien avant les années 1960, la protestation s'était organisée pour s'opposer à la discrimination dans le marché du travail et les commerces, et au racisme de la police. Des campagnes de boycottage furent lancées à partir du milieu des années 1920 contre les magasins qui n'embauchaient pas d'employés noirs, avec des manifestants devant leurs portes pour exhorter la clientèle à tourner les talons. En septembre 1927, une assemblée de quatre cents personnes réunies dans une église du South Side adopta un slogan qui passa à la postérité : « *Don't buy where you can't work* », « N'achetez pas là où vous ne pouvez pas travailler ». Et l'un des premiers sit-in fut organisé dans un restaurant de Chicago en 1942.

Les protestations pouvaient aussi prendre des formes plus violentes, à l'occasion des émeutes qui scandèrent le XXe siècle afro-américain. La plupart des grandes émeutes raciales survinrent à la suite d'une altercation entre policiers et jeunes Noirs. Celle de Chicago en juillet 1919 commença lorsque Eugene

Williams, un jeune Noir qui se baignait dans le lac Michigan, dériva jusqu'à accoster la section blanche de la plage. Depuis la jetée, un homme lui jeta des pierres pour l'éloigner ; blessé à la tête, Williams se noya. Un policier refusa d'arrêter l'homme en question, ce qui entraîna la colère d'un groupe de Noirs qui s'en prirent à lui ; celui-ci arrêta l'un d'eux dans la foulée. Bientôt la nouvelle de l'incident se répandit en ville, et l'émeute commença.

Une différence par rapport aux émeutes précédentes est que les Noirs du South Side répondirent aux violences qu'ils subissaient. La police n'intervint que très mollement, sans défendre sérieusement le quartier noir, voire en participant aux ratonnades visant ses habitants. Il fallut le déploiement de troupes de la garde nationale pour que le calme fût restauré. On compta finalement 38 morts, dont 23 Noirs, et 537 blessés (aux deux tiers noirs). D'autres émeutes survinrent en mars 1935 à Harlem, et surtout en juin 1943 à Detroit (34 morts, 600 blessés, très majoritairement africains-américains).

Le tournant des années 1960

Dans les années 1960, le déclin des emplois industriels, en raison de la fermeture des usines ou de leur transfert dans d'autres régions, eut pour effet une hausse du chômage et de la précarité dans les quartiers noirs. Parallèlement, les classes moyennes et supérieures africaines-américaines profitèrent de l'effacement de la ségrégation spatiale pour s'installer dans des quartiers plus agréables, ce qui affaiblit certaines institutions centrales des ghettos (les écoles, les églises et leurs activités charitables). Quant à la population blanche, elle fuyait les villes pour aller vivre en banlieue (c'est le *white flight*).

Le monde populaire noir se trouva ainsi progressivement isolé et fragilisé. Les conséquences se firent rapidement sentir : hausse des activités délictueuses, de la criminalité liée au trafic de drogue, à quoi les autorités municipales répondirent le plus souvent par un renforcement de la surveillance et de la répression policières. C'est dans ce contexte socio-économique plus difficile que les jeunes Noirs des ghettos firent entendre leur voix.

Les émeutes des « étés chauds et longs » des années 1960 (Harlem en 1964, Watts près de Los Angeles en 1965, et les dizaines d'émeutes de 1967 et 1968), qui firent plus de deux cents morts au total, s'inscrivent donc dans une histoire longue qui est à la fois celle de massacres urbains et de confrontations violentes entre, d'un côté, la population noire et, de l'autre, une fraction jeune et populaire de la population blanche, éventuellement appuyée par la police. Toutefois, les émeutes des années 1960 ont leurs spécificités : leur grand nombre et leur simultanéité dans une centaine de villes ; et le moment politique dans lequel elles s'inscrivent, celui du Black Power.

Pendant le mouvement pour les droits civiques, les Noirs du nord des États-Unis observaient passionnément leurs frères et sœurs du Sud et s'engageaient en faveur de la déségrégation et du droit de vote pour eux. Au vrai, la question de la ségrégation les concernait personnellement, puisqu'ils en étaient aussi victimes dans le logement et les loisirs. Dans le Nord, les piscines, par exemple, étaient ségréguées : un jour de la semaine était généralement réservé aux Noirs. Il n'en demeure pas moins que le mouvement pour les droits civiques, mené par Martin Luther King, était centré sur le Sud : c'est là qu'une large majorité des actions non violentes s'organisèrent (boycottages, *Freedom Rides*, sit-in, marches). Obtenues de haute lutte, les grandes lois de 1964 et 1965, qui interdirent la ségrégation et rétablirent le droit de vote pour tous les citoyens, transformèrent la vie politique et sociale du Sud, puisque, pour la première fois depuis la Reconstruction (1865-1877), les Noirs y représentaient une force politique majeure.

Face à cela, la jeunesse noire du Nord fit entendre son amertume : elle vivait quotidiennement les discriminations dans le travail, le logement, les loisirs, le paternalisme clientéliste des autorités municipales. Certains emplois (dans les forces de l'ordre ou les pompiers) leur étaient quasiment fermés, et les entreprises noires d'artisanat ou de construction n'avaient pas accès aux marchés publics. Et les violences policières étaient un sujet obsédant et douloureux. King ne se faisait aucune illusion à propos des policiers violents et racistes. Dans son plus célèbre discours, *I Have a Dream*, il avertissait : « Nous ne pouvons être satisfaits tant que le Noir est la victime des horreurs indicibles des brutalités policières. »

Les émeutes des années 1960 furent presque toujours causées par une altercation entre policiers et jeunes Noirs, comme à Watts en août 1965 : un jeune automobiliste noir fut arrêté par un motard de la police pour conduite en état d'ivresse. Un attroupement ne tarda pas à se former, des projectiles furent lancés contre les policiers, qui appelèrent des renforts, et la situation s'envenima. Six jours plus tard, on comptait trente-quatre morts et plus de mille blessés. Les jeunes des ghettos avaient le sentiment qu'on ne s'intéressait pas à eux, tandis que les luttes et les progrès dans le Sud attiraient l'attention du monde entier.

L'amertume des jeunes Noirs du Nord fut bien perçue par King, qui s'installa avec femme et enfants dans un immeuble délabré du West Side de Chicago début 1966 pour bien signifier l'importance qu'il accordait à la situation dans le Nord. Mais King se heurta rapidement à l'hostilité de la municipalité de l'inflexible Richard Daley, et à l'incompréhension des jeunes du South Side et du West Side, qui considéraient le leader noir comme un notable du Sud incapable de répondre à leurs aspirations. King repartit bredouille à Atlanta à la fin de l'année 1966, en estimant qu'il n'avait jamais rencontré autant d'« hostilité et de haine » qu'à Chicago.

Le choix de la radicalisation

Une partie de la jeunesse noire de Chicago avait choisi une voie différente. Des groupes de jeunes avaient créé des gangs, comme les Blackstone Rangers, les Vice-Lords, les Egyptian Cobras, les Disciples, initialement tournés vers des activités criminelles (trafic de drogue, rackets, vols) mais qui s'étaient politisés dans les années 1960 dans la mouvance du Black Power, et avaient développé des programmes sociaux et culturels annonciateurs de ce que les Black Panthers feraient[5]. King tenta bien de rallier les gangs à la non-violence, mais il n'était pas question pour les jeunes Noirs de baisser les armes face à la police du maire de Chicago Richard Daley. D'autres personnalités attiraient les jeunes radicalisés, à commencer par Malcom X, assassiné en février 1965, ou encore Robert Williams, militant des droits civiques partisan de l'usage tactique de la violence, auteur de *Negroes With Guns* (1962).

Malcom X et le Black Power

Malcolm X est un personnage mythique de l'Amérique multiculturelle contemporaine. Pourtant, de son vivant et même au lendemain de son assassinat, le 21 février 1965, rares étaient ceux qui osaient prendre la défense d'un homme à la réputation sulfureuse, aimé uniquement des Noirs des ghettos, qui se reconnaissaient en lui. Le changement d'image posthume s'est opéré progressivement, *via* sa fameuse (et mal nommée) *Autobiographie*, en réalité rédigée par Alex Haley, parue fin 1965, ainsi que des musiciens de jazz et de hip-hop qui ont expliqué à quel point le style oratoire de Malcolm X les avait influencés, ou encore *via* le mouvement Black Lives Matter plus récemment[6].

Malcolm Little naquit en 1925 à Omaha (Nebraska), quatrième enfant sur sept de parents militants de l'UNIA de Marcus Garvey. La mort de son père et la santé défaillante de sa mère occasionnèrent la séparation de la fratrie et une jeunesse compliquée pour Malcolm Little, avec l'abandon de ses études bien qu'il fût un élève brillant, des déménagements successifs dans des maisons d'accueil pour finir par son installation à Harlem en 1943, où il mena diverses activités illicites (vol, rackets, commerce de drogue). Arrêté pour vol à Boston, en 1946, Little fut condamné à dix ans de détention. La prison changea sa vie. C'est en prison qu'il lut avec frénésie et s'intéressa à Nation of Islam, encouragé par des correspondances avec ses frères, puis, à partir de 1948, avec Elijah Muhammad, le chef de cette organisation. Malcolm Little adhéra à Nation of Islam par choix intellectuel, politique, religieux et aussi par solidarité familiale.

Nation of Islam n'était alors qu'une petite secte, prônant un islam très hétérodoxe et un nationalisme noir radical reposant sur la séparation d'avec les « démons blancs ». Fondée dans le ghetto noir de Detroit en 1930 par Wallace Fard Muhammad, un prédicateur mystérieux qui disparut rapidement, Nation of Islam avait été reprise en main par Elijah Muhammad, ancien lieutenant de Fard. Elijah Muhammad s'était installé à Chicago dans les années 1930, avait développé ses activités, avait été emprisonné pendant la Seconde Guerre mondiale pour sédition, et avait relancé Nation of Islam après-guerre en misant notamment sur des jeunes Africains-Américains délinquants, libres ou détenus. Parmi eux, une recrue prometteuse qui se faisait désormais appeler Malcolm X, le « X » effaçant « Little », nom honni d'un « diable aux yeux bleus » imposé à ses ancêtres.

Après sa sortie de prison, en 1952, Malcolm X gravit rapidement les échelons de Nation of Islam : ses qualités de tribun, d'organisateur, son dévouement pour cette organisation, sa stature physique imposante firent de lui un militant à nul autre pareil, promu porte-parole national. Elijah Muhammad missionnait son brillant protégé de ville en ville pour affermir Nation of Islam. Les effectifs bondirent de 1 200 membres en 1953 à près de 75 000 au début des années 1960. De quoi attirer l'attention du FBI, du grand public aussi, notamment lorsqu'un membre de Nation of Islam fut rossé par la police de New York en avril 1957, et que Malcolm X prit sa défense avec succès, à la tête d'une foule de plusieurs milliers de personnes qui lui obéissaient au doigt et à l'œil comme un bataillon de soldats. La démonstration de force impressionna, mais peut-être était-ce aussi un premier signe de dissension entre Malcolm X et Elijah Muhammad : le premier, observateur attentif du mouvement pour les droits civiques, souhaitait militer pour tous les Africains-Américains, tandis que le second entendait surtout séparer les membres de sa secte du reste de la société.

Un Afro-descendant citoyen du monde

Les tensions entre Muhammad et Malcolm X s'accrurent au début des années 1960. Il y avait sans doute un élément personnel à cela : le ressentiment de Muhammad vis-à-vis de son porte-parole, bien plus éloquent que lui, qui captait l'attention des médias et du public. Surtout, Malcolm X voulait construire des alliances avec d'autres groupes, ce qui l'éloigna de l'intolérance sectaire et du racisme de Muhammad. Graduellement marginalisé, Malcolm X quitta Nation of Islam le 8 mars 1964, pour fonder deux nouvelles organisations : l'une, religieuse (Muslim Mosque, Inc.), l'autre, profane (Organization of Afro-American Unity). Dans la foulée, il entreprit un long voyage qui le mena à La Mecque, où il se convertit au sunnisme, puis dans un grand nombre de pays africains dont il rencontra les chefs de gouvernement ou d'État, enfin en France et en Grande-Bretagne. Malcolm X était désormais perçu comme un traître par Nation of Islam, dont quelques-uns des membres les plus exaltés préparèrent son assassinat, commis à l'occasion d'une réunion à Harlem. Faute d'enquête approfondie, les circonstances précises restent mal établies et les commanditaires de l'assassinat n'ont pas été identifiés, mais il est avéré qu'il fut perpétré par des hommes de Nation of Islam venus de Newark, et surveillés par le FBI, qui laissa faire.

La dernière année de la vie de Malcolm X, marquée par sa critique du nationalisme noir séparatiste, le rapprocha de Martin Luther King, mais les différences entre les deux hommes perduraient. L'audience de Malcolm X était évidente dans les ghettos du Nord, par contraste avec le Sud où il avait du mal à admettre les priorités du mouvement pour les droits civiques. « Je ne connais rien du Sud. Je suis une création de l'homme blanc du Nord », résuma-t-il. King considérait les Noirs comme des « Blancs avec une peau noire » et réclamait à ce titre l'égalité des droits au nom de l'universalisme de la démocratie américaine. Malcolm X se voyait lui comme un Afro-descendant citoyen du monde plutôt que des États-Unis, et insistait sur les particularités historiques, culturelles et psychologiques du monde noir. Il n'avait aucune confiance dans le pouvoir américain, et, dans une perspective internationaliste, il invoquait l'ONU plutôt que la Cour suprême. En outre, il ne rejetait pas la violence par principe, en estimant qu'elle pouvait être ponctuellement nécessaire. À tous ces titres, Malcolm X a profondément inspiré le Black Power.

Les jeunes Noirs des ghettos se tournèrent prioritairement vers le Black Panther Party (BPP), fondé en octobre 1966, qui était bien plus en phase avec leur colère, avec leurs espoirs. Souvent présenté comme une excroissance radicale et monstrueuse, le Black Panther Party s'inscrivait en fait dans une orbite plus large, celle du Black Power[7]. Le terme « Black Power » se réfère à une mouvance politique, très visible et très active entre le milieu des années 1960 et le début des années 1970, prônant la prise en charge de leurs affaires par les Noirs eux-mêmes. Au sein de cette mouvance, on repère des points de vue variés, et différentes organisations nationales, parfois rivales, comme le SNCC, le Black Panther Party, l'US Organization, ainsi qu'une multitude de groupes locaux, tels les gangs de Chicago.

L'écrivain Richard Wright, dans *Black Power*, paru en 1954, forgea l'expression, mais cet ouvrage était un récit de voyage en Côte-de-l'Or, le futur Ghana, assez éloigné des enjeux américains. Stokely Carmichael, chef du SNCC, reprit le terme à son compte dans un discours de juin 1966 à Greenwood (Mississippi), en s'exclamant : « Ce qu'il faut maintenant, c'est le Black Power ! » Le terme devint rapidement populaire chez les jeunes Noirs américains, car il allait plus loin que les appels à l'égalité des droits de King. Il était question de s'organiser pour conquérir le pouvoir dans une logique de confrontation avec des autorités blanches qui n'accordaient que des miettes aux Africains-Américains. Pour cela, Carmichael, qui alla le plus loin dans la théorisation du Black Power, estimait que les Noirs devaient s'unir, renforcer leur estime propre par la connaissance de leur histoire et de leurs cultures. Cette position le rapprochait du Black Panther Party, qu'il rejoignit officiellement début 1968.

Le Black Panther Party for Self-Defense fut fondé le 29 octobre 1966 à Oakland par Huey Newton (1942-1989) et Bobby Seale (1936-). Nés en Californie au sein de familles pauvres venues de Louisiane et du Texas, Newton et Seale se rencontrèrent en 1962 au Merritt Community College (Oakland) où ils étudiaient. C'est là qu'ils se politisèrent, dans l'ébullition estudiantine de Californie, là qu'ils lurent avec avidité des textes révolutionnaires, découvrirent la fierté noire, écoutèrent les discours de Malcom X. Ils se lancèrent donc avec la création des Black Panthers for Self-Defense, qui, comme leur nom l'indique, avaient pour objet premier le « *self defense* » (autodéfense) contre la police, qu'il fallait affronter physiquement au moyen de patrouilles de militants armés dans les quartiers noirs. De la sorte, les deux jeunes gens estimaient qu'ils s'attireraient la sympathie des habitants excédés par l'arrogance brutale des *pigs* (les flics). Un uniforme (pantalon noir, veste de cuir noire, chemise bleue, béret noir) signalait le caractère paramilitaire de l'organisation. Il fallait aussi acheter des armes : à cet effet, Newton et Seale vendirent des *Petits Livres rouges* de Mao sur le campus de Berkeley, tout proche d'Oakland. Plus largement, il était question de combattre le pouvoir oppresseur des Blancs en situant leur action dans le combat anti-impérialiste international.

Le Black Panther Party (BPP) se fit progressivement connaître dans la région de San Francisco, en instruisant la population noire à propos du droit de porter des armes, et en se rendant armés et en uniforme à la Chambre des représentants de Californie à Sacramento le 2 mai 1967, où un projet de loi restreignant le port d'arme était débattu. Au même moment, le « programme en dix points » du parti traçait les contours de son projet politique, associant socialisme et nationalisme noir.

Programme en dix points du BPP

1. Nous voulons la liberté. Nous voulons pouvoir décider de la destinée de notre Communauté noire.
2. Nous voulons le plein-emploi pour notre peuple.
3. Nous voulons la fin de la spoliation de notre Communauté noire par les capitalistes.
4. Nous voulons des habitations décentes, dignes d'abriter des êtres humains.
5. Nous voulons pour notre peuple une éducation qui expose la vraie nature de cette société américaine décadente.

Nous voulons une éducation qui nous enseigne notre vraie histoire et notre rôle dans la société d'aujourd'hui.

6. Nous voulons que les hommes noirs soient exemptés du service militaire.

7. Nous voulons un arrêt immédiat de la BRUTALITÉ POLICIÈRE et des MEURTRES de Noirs.

8. Nous voulons la liberté pour tous les hommes noirs détenus dans des prisons fédérales, d'États, de comtés et de villes.

9. Nous voulons que les Noirs, lorsqu'ils sont soumis à un procès, soient jugés par un jury constitué de leurs pairs ou de personnes issues de leurs communautés noires, comme le prévoit la Constitution des États-Unis.

10. Nous voulons des terres, du pain, des logements, une éducation, des vêtements, la justice et la paix.

Le 28 octobre 1967, dans des circonstances mal établies, Huey Newton tua d'un coup de feu un policier du nom de John Frey, qui l'avait arrêté alors qu'il circulait en voiture. Lui-même blessé dans la fusillade, Newton fut arrêté et une longue procédure judiciaire s'engagea : les dirigeants du BPP saisirent l'occasion pour populariser le mouvement *via* la campagne internationale « Free Huey ! ». C'est à ce moment, pendant l'année 1968, que le parti, de groupe régional, devint une organisation nationale, avec des sections dans les principales villes du pays.

Il existait des désaccords entre militants Black Power sur le degré d'autonomie à conquérir vis-à-vis de la société et du pouvoir blancs. Entre les nationalistes noirs les plus durs qui défendaient le séparatisme et les plus modérés qui souhaitaient un partage du pouvoir, il y avait toute une gamme de positions, associant des perspectives socialistes, tiers-mondistes, panafricaines, et un discours anti-impérialiste fustigeant la politique étrangère américaine et la guerre du Vietnam. Martin Luther King, dans les mois qui précédèrent son assassinat, le 4 avril 1968, gauchit son discours jusqu'à n'être finalement pas si éloigné de l'aile modérée du Black Power. Mais son action politique demeura jusqu'à la fin fidèle à la philosophie de la non-violence, ce qui le différenciait des militants Black Power, pour qui le recours à la violence pouvait se justifier. Le BPP se distinguait des autres groupes par sa dimension paramilitaire, avec un uniforme et des armes portées ostensiblement. Des armes qui n'étaient pas que de parade : elles pouvaient servir, le cas échéant.

L'assassinat de King, le 4 avril 1968, souleva de désespoir les ghettos noirs pendant l'été et renforça la détermination des plus radicaux. Dans la foulée, sur le podium du 200 mètres des Jeux olympiques de Mexico, le 16 octobre 1968, les poings levés de Tommie Smith et John Carlos (étudiants à San Jose State University, à proximité d'Oakland) exposèrent au monde la lutte radicale des militants noirs. 1968, année de tumultes, fut bien celle du Black Power.

Un bilan assez maigre

D'un point de vue politique, le bilan du Black Power est assez maigre. D'abord parce que les débouchés politiques du mouvement étaient assez nébuleux, si l'on excepte les programmes sociaux comme les petits déjeuners proposés aux enfants des quartiers noirs par les Black Panthers. Mais on était loin de la révolution espérée. Ensuite parce que la répression fut impitoyable. Le département clandestin COINTELPRO du FBI lança de nombreuses opérations d'infiltration, de fausses nouvelles, pour diviser et affaiblir le mouvement, tandis que les polices du pays n'épargnaient pas les militants Black Power. En avril 1968, Bobby Hutton, trésorier du BPP, fut abattu par la police d'Oakland à la suite d'une embuscade visant cette dernière, tendue par lui et Eldridge Cleaver. À Chicago, le 4 décembre 1969, le meurtre de Fred Hampton, exécuté dans son lit par la police locale, démontra que tous les moyens étaient bons pour éliminer les Black Panthers. La mort de Hampton porta un coup très dur à l'union des gangs et du BPP (y compris les Young Lords, un gang portoricain) que Hampton venait de réaliser en la baptisant Rainbow Coalition. De nombreux militants du Black Power furent tués ; d'autres, comme Carmichael ou Cleaver, s'exilèrent ; d'autres enfin sombrèrent dans la drogue, qui envahit les quartiers noirs dans les années 1970.

Enfin, parce que Richard Nixon, dans sa campagne victorieuse de 1968, promit un retour à l'ordre en fustigeant le Black Power, présenté comme un ennemi du pays. La reprise du pouvoir par les Républicains ferma les canaux de communication entre les quartiers noirs et le pouvoir fédéral.

En revanche, l'un des aspects les plus intéressants a été l'impact culturel du Black Power. Le mouvement a en effet, plus encore que l'UNIA, valorisé la *blackness*, en promouvant le « *Black is beautiful* », « Le noir est beau ». Des manières de paraître autrefois mal vues (les cheveux afros, en particulier, mais aussi les vêtements « africains ») étaient à la mode chez les jeunes Noirs américains, ce que James Brown mit brillamment en musique avec *Say it Loud, I'm Black and I'm Proud* (« Dites-le haut et fort, je suis noir et j'en suis fier »), l'un des hits de l'année 1968, qu'il chantait, accompagné par le public, dans tous ses concerts. En littérature et dans les spectacles vivants, le Black Arts Movement (BAM) visait à conforter les artistes africains-américains et des œuvres politiquement engagées. Même si la pensée d'une « esthétique noire » a fait long feu, ce mouvement artistique a mis en lumière des écrivains et artistes importants, comme Maya Angelou, auteure du classique *Je sais pourquoi chante l'oiseau en cage* (1969), et il a jeté les fondements de changements profonds dans la littérature et les musées d'art américains.

Le mouvement Black Power a ainsi été l'une des origines de la transformation multiculturelle de la société américaine à partir des années 1970. La valorisation d'identités et d'origines autrefois méprisées, et l'acceptation que les différences ne sont pas incompatibles avec l'égalité doivent beaucoup à l'effervescence politique et culturelle portée par les militants du Black Power. Cet héritage des années 1960 demeure vivace aux États-Unis, comme l'a montré le mouvement Black Lives Matter à partir de 2013.

XI

Les poings de la liberté

Le public du grand stade de Mexico était resté tard, lors de cette soirée olympique du 16 octobre 1968, pour la remise des médailles de l'épreuve d'athlétisme du 200 mètres. Un 200 mètres exceptionnel, le plus rapide de l'histoire de l'athlétisme, dans une olympiade pourtant déjà riche en exploits : l'altitude élevée de la capitale mexicaine (2 240 mètres) favorisant les efforts brefs, les records du monde s'étaient multipliés dans la plupart des épreuves de sprint et de saut. Deux jours plus tard, le 18 octobre, le saut en longueur de Bob Beamon à 8 mètres 90 frappa de stupeur les spectateurs et son auteur lui-même.

C'était l'Américain Tommie Smith qui l'avait emporté dans ce 200 mètres, en battant avec l'apparence de la facilité le record du monde, en 19 secondes 83 centièmes. Son compatriote John Carlos s'était classé troisième tandis que le sprinteur australien Peter Norman s'était intercalé entre les deux Africains-Américains. Smith et Carlos étaient considérés comme les athlètes les plus prometteurs du sprint américain. Deux itinéraires semblables. Smith était né le 6 juin 1944 dans une famille de douze enfants de métayers misérables du Texas partis tenter leur chance en Californie. C'est au lycée, puis à l'université locale de San Jose State – surnommée « Speed City » tant elle rassemblait d'athlètes de premier plan – qu'il se fit remarquer pour ses qualités d'athlète hors du commun : il cumula treize records du monde junior, du 100 mètres au 400 mètres. Carlos, d'un an son cadet, était originaire de Harlem, d'où il avait rejoint, grâce à une bourse d'une université texane, San Jose State[1].

Plusieurs heures s'étaient écoulées entre la finale du 200 mètres et la remise des médailles. Des heures que Smith et Carlos avaient mises à profit pour discuter dans les vestiaires, non pas de sport, mais de politique. Les deux hommes n'étaient pas vraiment amis mais ils étaient d'accord au moins sur un point. Plusieurs mois auparavant, à San Jose State, ils avaient rencontré Harry Edwards, un ancien athlète devenu professeur de sociologie, très engagé en faveur de la cause noire. Edwards avait fondé à l'automne 1967 l'Olympic Project for Human Rights (OPHR), qui avait tenté d'organiser un boycottage des Jeux olympiques au motif que les Noirs n'avaient pas à gagner des médailles pour un pays qui les opprimait : « Pourquoi courir à Mexico quand on doit ramper à la maison ? », demandait Edwards. De fait, les athlètes noirs sur qui le pays comptait étaient souvent maltraités dans les universités, y compris à San Jose State :

on leur interdisait certains cours, on les reléguait dans des résidences de seconde catégorie, on les mettait à part dans les restaurants universitaires[2].

La rumeur d'une action

L'OPHR réclamait aussi que l'on restitue à Mohammed Ali ses titres de champion du monde de boxe confisqués à la suite de son engagement contre la guerre du Vietnam ; que l'Américain Avery Brundage, qui aux yeux d'Edwards et de ses amis symbolisait l'olympisme dévoyé et le racisme à front de taureau, quittât la présidence du Comité international olympique ; que l'Afrique du Sud et la Rhodésie fussent bannies des Jeux.

L'appel au boycottage fit long feu. Parmi les rares athlètes qui boycottèrent les Jeux, on comptait tout de même les basketteurs Kareem Abdul-Jabbar, Mike Warren et Lucius Allen, mais les athlètes de San Jose State étaient déterminés à faire quelque chose. Un badge avait été confectionné, avec le nom de l'OPHR entouré d'une couronne de laurier, et distribué aux athlètes volontaires. La rumeur d'une action politique s'était répandue dès l'arrivée de la délégation américaine à Mexico, plusieurs athlètes ayant notamment déclaré qu'il était hors de question que Brundage leur remette d'éventuelles médailles.

Tout le monde avait remarqué que Smith et Carlos couraient, lors des épreuves de qualification, avec de grandes chaussettes noires que l'hebdomadaire *Newsweek* avait qualifiées de « chaussettes de maquereaux du ghetto ». Ce qu'on ignorait, c'est que Smith s'était également procuré une paire de gants noirs. Mais on se doutait que quelque chose allait se passer sur le podium, et le public attendait avec impatience la cérémonie.

Smith et Carlos n'étaient pas membres du Black Panther Party, même si cette organisation radicale, fondée en octobre 1966 à Oakland, tout près de San Jose State, les influença certainement, d'autant qu'ils avaient participé à des manifestations du BPP. Ce qui les motivait avant tout, c'était la colère qu'ils ressentaient face à la situation imposée aux Noirs dans leur pays. Et puis, l'année 1968 avait radicalisé la jeunesse noire américaine bien au-delà des Black Panthers. L'assassinat de Martin Luther King, le 4 avril suivi de celui de Robert Kennedy le 6 juin, avait soulevé de désespoir les ghettos noirs dans les grandes villes américaines, faisant quarante-six morts.

Beaucoup de jeunes Noirs estimaient que le mouvement pacifique pour la défense des droits civiques n'avait été qu'un leurre et qu'il fallait désormais se défendre face à la police et affirmer plus nettement son identité noire. À cette situation raciale très tendue s'ajoutait l'enlisement de la guerre du Vietnam, qui démentait, depuis l'offensive du Têt, début 1968, les affirmations optimistes du gouvernement et de l'état-major – la stratégie et les buts de guerre américains étaient de plus en plus dénoncés comme impérialistes.

Le Comité international olympique était également dans la ligne de mire de l'OPHR. Il est vrai que le mouvement olympique avait été marqué dès ses débuts par des conceptions racistes du monde. Tout avait commencé aux Jeux de Saint-Louis, en 1904, lorsqu'on avait interdit aux athlètes de couleur de participer aux compétitions officielles. En 1912, les victoires sensationnelles au décathlon et au pentathlon de l'Amérindien Jim Thorpe, originaire de l'Oklahoma, avaient été invalidées au motif qu'il avait joué professionnellement pour une équipe de baseball : cela contrevenait en effet au principe d'amateurisme des Jeux, mais il n'empêche que la décision était juridiquement invalide puisque décidée *a posteriori* et n'aurait sans doute pas été prise si Thorpe n'avait été indien. En outre, pour son malheur, l'un des compétiteurs battus par Thorpe était Avery Brundage, qui le poursuivit d'une haine tenace et s'opposa inflexiblement, lorsqu'il présidait le CIO, à la restitution des médailles de Thorpe, qui mourut dans la misère en 1953.

La foule grondait

L'ancien champion Jesse Owens, présent à Mexico en tant que commentateur pour la télévision, suscita aussi l'ire de l'OPHR, qui le considérait comme un « oncle Tom » – un Noir trop complaisant vis-à-vis des autorités. Lors des Jeux de Berlin en 1936, l'athlète américain, petit-fils d'esclaves de l'Alabama, avait certes provoqué le dépit et la fureur des dignitaires nazis après avoir triomphé quatre fois. Mais il n'avait manifesté aucune volonté explicite de contestation politique à l'occasion de ses victoires et il regretta seulement de n'avoir pas été reçu à la Maison-Blanche par Roosevelt.

Vingt ans plus tard, Owens ne participa pas au mouvement pour les droits civiques et ne manifesta aucune intention de s'engager politiquement. D'où son embarras à la vue des chaussettes noires de Smith et Carlos, symboles trop visibles de protestation : « Je suis assez vieux pour être leur oncle, mais je ne suis pas leur Tom, et je dis à ces petits gars de mettre des chaussettes moins hautes, on n'a pas besoin de ça », s'exclama-t-il au micro.

Dans les vestiaires, l'attention de Peter Norman fut attirée par les propos de Smith et Carlos. L'Australien se mêla à la conversation et les deux Américains lui firent part du projet qu'ils venaient d'arrêter : en plus d'exhiber le badge de l'OPHR, ils brandiraient leurs poings gantés de noir en signe de revendication de la cause des Noirs américains. Il n'y avait qu'une paire de gants ! Qu'à cela ne tienne : Smith prendrait le droit, et Carlos le gauche. Norman proposa alors de porter lui aussi un badge de l'OPHR pour manifester sa solidarité avec les deux autres. Ils étaient prêts.

Au moment où les premières mesures de l'hymne américain retentirent dans le stade silencieux, Smith et Carlos levèrent comme prévu leur poing ganté. Ils avaient aussi enlevé leurs chaussures pour laisser apparaître leurs fameuses chaussettes noires, et Smith avait ajouté une écharpe, noire également, pour faire bonne mesure. Norman portait son badge en évidence sur sa poitrine.

Smith se rappelle que sur le podium, « [sa] vie a défilé en deux minutes. “Oh *man*, je n'ai jamais été aussi fier. J'étais fier d'écouter l'hymne, même s'il ne me représentait pas tout à fait [...]. Ils ont dit que j'avais méprisé la bannière étoilée, mais pas du tout, c'est mon drapeau [...] mais je pouvais pas le saluer autrement que comme ça [...]”. » Sa femme, dans les gradins, s'exclama : « Quand Avery verra ça, il en crèvera ! » La foule grondait quand les trois hommes quittèrent le stade, Smith levant encore le poing vers le ciel.

La presse américaine fustigea les deux hommes comme « non patriotes » et « antiaméricains ». Le reporter de l'Associated Press qualifia le geste de « salut de style nazi », tandis qu'un journaliste de Chicago parla de « troupes d'assaut nazies à la peau noire » ! Pourtant, Smith et Carlos étaient fiers d'être américains, ils ont toujours proclamé leur attachement à leur pays, doublé d'une foi chrétienne... Bref, on était loin des « fascistes noirs » décrits par cette presse.

Ailleurs dans le monde, on ne s'y est pas trompé : le geste a été compris, sinon salué, comme une protestation non violente contre la situation faite aux Noirs américains, même si certains ont pu déplorer la « politisation » des Jeux. Mais les Jeux n'étaient-ils pas politiques depuis 1896 ? N'ont-ils pas été un lieu d'expression privilégié du nationalisme, parfois dans sa version la plus agressive, au XXe siècle ?

Le Comité international olympique, mené par un Brundage intraitable, demanda le lendemain à la délégation américaine d'expulser Smith et Carlos du village olympique. Les officiels américains refusèrent dans un premier temps, avant d'obtempérer, sous la menace d'un renvoi de toute l'équipe américaine d'athlétisme. Ce qui n'empêcha pas certains athlètes de manifester leur solidarité avec les bannis : l'Américaine Wyomia Tyus, championne olympique du 100 mètres, dédia sa victoire à Smith et Carlos. L'équipe américaine d'aviron, composée d'étudiants blancs de Harvard, affirma sa solidarité avec ses compatriotes noirs. Surtout, le 18 octobre, les trois Américains arrivés en tête du 400 mètres, Lee Evans, Larry James et Ron Freeman, portèrent sur le podium le béret noir des Black Panthers en levant le poing. Un geste aussi démonstratif que celui de Smith et Carlos, qui ne suscita pourtant pas la même réaction du CIO, qui craignait une escalade.

Le retour aux États-Unis fut très difficile pour les deux champions militants. Eux et leur famille reçurent des menaces de mort. Lorsque Smith alla voir son père, qui travaillait encore aux champs, celui-ci, qui était analphabète et ne savait rien de ce qui était arrivé, lui demanda s'il avait fait quelque chose de mal : « C'est ce que les gens m'ont dit. Tu t'es bagarré avec un Blanc ? » Tommie lui expliqua. « Je te crois », répondit le père, et il lui serra la main pour la première fois de sa vie.

Mais la carrière olympique de Smith et Carlos était terminée. Ils s'essayèrent au football professionnel avant de devenir entraîneurs d'athlétisme, dans un lycée de Palm Springs pour Carlos, à l'université de Santa Barbara pour Smith. Avec le temps, leur geste, de scandaleux, est devenu héroïque. Une statue les représentant sur le podium de Mexico a même été inaugurée en 2005, sur le campus de San Jose State.

Quant à Peter Norman, son geste de solidarité lui attira les représailles du comité australien. Bien qu'il fût le meilleur sprinteur de son pays – il détient toujours le record national du 200 mètres –, il ne fut pas sélectionné pour les Jeux de Munich en 1972, puis sombra dans la dépression et l'alcoolisme. Lorsqu'il mourut, en octobre 2006, la fédération américaine d'athlétisme fit du 9 octobre, jour de ses funérailles, le « Peter Norman Day », tandis que Smith et Carlos se rendirent en Australie pour porter en terre le cercueil de celui qui s'était courageusement joint à eux lors de cette soirée du 16 octobre 1968, devant le public sidéré du grand stade de Mexico.

XII

Le long combat pour le droit de vote aux États-Unis

L'histoire du droit de vote aux États-Unis a longtemps été présentée comme la marche inéluctable de la démocratie : le droit de vote se serait imposé en incluant progressivement tous les individus, depuis une poignée de notables blancs au XVIIIe siècle jusqu'au véritable suffrage universel à partir du *Voting Rights Act* de 1965. Cette approche un peu trop linéaire est critiquée depuis trente ans, tant il est vrai que le « progrès démocratique » doit être nuancé : du reste, le droit de vote fait actuellement l'objet d'attaques vigoureuses qui le remettent sérieusement en cause. Au cours des dernières années, des millions d'Américains, la plupart Africains-Américains, ont perdu leurs droits civiques à la suite de procédures diverses. Comme la dernière élection présidentielle américaine l'a montré, l'histoire sinueuse d'un droit qui n'a jamais été universellement acquis est omniprésente dans les débats politiques actuels.

De l'Amérique coloniale à la guerre de Sécession

À l'époque coloniale, les Britanniques réservaient le droit de vote aux « Conseils du gouverneur » – quand leurs membres n'étaient pas directement nommés par le roi, ce qui était le cas dans les colonies royales –, aux hommes riches, propriétaires terriens importants, dont les intérêts étaient censés se confondre avec ceux de la colonie et de la Couronne[1]. Les « assemblées représentatives » étaient, elles, élues par les « propriétaires », soit un groupe beaucoup plus large de personnes. Des biens non fonciers associés au paiement de l'impôt pouvaient être pris en compte dans les colonies plus libérales.

Des différences existaient cependant entre les treize colonies : certaines, là où les élites marchandes étaient très présentes, étaient un peu plus souples que d'autres et prenaient en considération des biens non fonciers associés au paiement de l'impôt. Les fabricants, négociants et marchands de grandes villes comme Philadelphie ou Boston étaient influents au sein des conseils et assemblées des colonies, tandis que dans les colonies esclavagistes du Sud, les grands propriétaires d'esclaves dominaient les institutions locales. Le critère financier était si prédominant que, dans certains comtés, des femmes, des Amérindiens et des Noirs libres pouvaient voter, pour peu qu'ils eussent suffisamment de biens dans une société qui était globalement plus égalitaire que celles d'Europe. À la veille de la révolution, avec des variations régionales importantes, 50 à 60 % de la population masculine blanche pouvait voter aux assemblées représentatives.

Bien que la révolution américaine fût influencée par les idéaux universalistes des Lumières, elle ne marqua pas un changement radical dans l'accès au droit de vote. Du reste, la Constitution de 1787 est muette à son propos : celui-ci ne devait apparaître en toute lettre qu'avec le 14e amendement, près d'un siècle plus tard. Dans l'immédiat, faute de précision constitutionnelle, la question fut dévolue aux treize États de l'Union : chacun pouvait agir à sa guise. Le poids des élites se fit lourdement sentir pour limiter au maximum le droit de vote. Même Thomas Jefferson, pourtant attaché aux idéaux démocratiques, estimait qu'on ne pouvait confier une telle responsabilité à des citoyens pauvres, susceptibles d'être achetés et manipulés par un tyran démagogue. Pourtant, d'autres voix se firent entendre, dans la presse, dans les assemblées, parvenant parfois, comme en Pennsylvanie (suivie par le Vermont en 1791), à éliminer tout critère de propriété au profit du seul critère censitaire. Ailleurs, en dépit de quelques aménagements, le droit de vote demeura restreint, avec des variations selon le type d'élection. Les élections municipales pouvaient ainsi être relativement ouvertes, tandis qu'à l'autre extrémité du spectre républicain, l'élection présidentielle, dont la première eut lieu en 1789, avec ses grands électeurs choisis par les notables locaux, était hors de portée de la majorité des citoyens.

Ce ne furent donc pas les treize États fondateurs qui démocratisèrent le droit de vote, mais ceux qui entrèrent plus tard dans l'Union, particulièrement les « États frontière » à la limite des territoires indiens. Les différences sociales y étaient moins accentuées que dans l'Est, et il fallait attirer les migrants en leur proposant non seulement de la terre mais aussi le droit de vote. Dans l'Indiana, le Michigan, le Wisconsin et bien d'autres États de l'Ouest par la suite, il n'était pas souvent nécessaire d'être citoyen américain pour voter, de telle sorte que les migrants européens étaient immédiatement inclus dans la vie politique. L'historien Frederick Jackson Turner, qui, à la fin du XIXe siècle, voyait en la frontière le garant de la démocratie américaine qu'il exalta dans un célèbre discours de 1893, n'avait donc pas entièrement tort à propos des sociétés égalitaires de l'Ouest, mais, bien entendu, il jetait un voile pudique sur la marginalisation et le massacre des Amérindiens.

À la suite des États pionniers, tous les États abandonnèrent les critères de propriété (dans les années 1820) puis les critères censitaires. Confrontés à l'accroissement rapide de la population (4 millions d'habitants en 1790, 10 en 1820 et 76 en 1900), allant de pair avec les débuts de l'industrialisation dans le Nord-Est et l'essor du monde ouvrier, les notables voulaient conserver leurs privilèges pour les élections nationales, mais la stabilité de l'ordre social et le recrutement de soldats pour les milices plaidaient en faveur d'une démocratisation du vote. Des pétitions pour élargir le suffrage se multiplièrent, avec des tensions fortes comme à Richmond en Virginie en 1829 ou à Baltimore quelques années plus tard. Il fallait lâcher du lest, de telle sorte que vers 1860 pratiquement tous les hommes blancs pouvaient voter aux États-Unis aux principales élections. Voter était également aisé : les saloons servaient fréquemment de lieux de meetings politiques, et même de bureaux de vote. Cela permit à de nombreux tenanciers de bars, comme Patrick J. Kennedy (1858-1929), le grand-père de JFK, de se lancer en politique. La participation électorale forte – bien plus qu'aujourd'hui – témoigne de la volonté des habitants de prendre part à la vie politique. À la veille de la guerre de Sécession, l'expression « suffrage universel » devint courante.

Avec certains pays d'Europe (France, Belgique, Norvège et Suisse), les États-Unis étaient alors le pays ayant la plus grande proportion d'électeurs. Aux Amériques, seul le Canada s'en approchait, suivi loin derrière par l'Argentine et l'Uruguay. Mais de suffrage universel il n'avait que le nom car l'ouverture vers les classes populaires était drastiquement limitée par l'exclusion des Africains-Américains et des femmes.

Tocqueville, *De la démocratie en Amérique*

Tocqueville estimait que l'avènement du suffrage universel était inéluctable dès lors qu'un mouvement de réforme démocratique s'amorçait :

« Lorsqu'un peuple commence à toucher au cens électoral, on peut prévoir qu'il arrivera, dans un délai plus ou moins long, à le faire disparaître complètement. C'est là l'une des règles les plus invariables qui régissent les sociétés. À mesure qu'on recule la limite des droits électoraux, on sent le besoin de la reculer davantage ; car, après chaque concession nouvelle, les forces de la démocratie augmentent, et ses exigences croissent avec son nouveau pouvoir. L'ambition de ceux qu'on laisse au-dessous du cens s'irrite en proportion du grand nombre de ceux qui se trouvent au-dessus. L'exception devient enfin la règle ; les concessions se succèdent sans relâche, et l'on ne s'arrête plus que quand on est arrivé au suffrage universel. »

Alexis de Tocqueville,
De la démocratie en Amérique, t. I, chap. 4,
« Du principe de la souveraineté
du peuple en Amérique. »

Esclaves, Noirs libres et affranchis

Dans la première moitié du XIXe siècle, la démocratisation du vote s'accompagna d'un renforcement de l'exclusion des Africains-Américains. Il est vrai que l'immense majorité d'entre eux étaient des esclaves, pour qui la question d'un quelconque « droit » ne se posait pas. En ce qui concerne les Noirs libres, peu d'États les excluaient formellement en 1790. Mais en 1860, les seuls États qui autorisaient le droit de vote aux Noirs étaient ceux de Nouvelle-Angleterre (où ils n'étaient qu'une poignée de toute manière) et l'État de New York – qui prévoyait toutefois une exigence de propriété pour eux. Les Noirs, même libres, étaient considérés comme incapables d'exercer librement leurs droits civiques. Et puis, comme le disait un homme politique du Wisconsin, « permettre aux Noirs de voter serait favoriser un déferlement d'esclaves en fuite dans notre région[2] ». Pourtant, nombreuses étaient les voix éloquentes qui s'élevaient contre l'exclusion politique des Noirs libres, en se réclamant des principes universalistes de la religion ou de la révolution, mais elles ne pesaient pas lourd face au racisme dominant de l'époque. Paradoxalement, les Amérindiens étaient un peu mieux traités : ils n'étaient sans doute pas blancs, mais ils n'étaient pas noirs non plus, de telle sorte que, pour peu qu'ils fussent « civilisés » et satisfissent aux critères imposés à tous, pourquoi n'eussent-ils pas pu voter ? Cependant, les Amérindiens n'étaient ni citoyens ni étrangers, mais « soumis », un statut qui les excluait du droit de vote – à l'exception de quelques-uns.

La guerre de Sécession mit au premier plan la question du vote. Le général nordiste William Sherman pronostiqua que « quand la guerre sera terminée, on ne pourra pas empêcher la main qui tenait le fusil de brandir un bulletin de vote[3] ». L'abolition de l'esclavage en 1865 se matérialisa par le 13e amendement, suivi de deux amendements qui précisèrent le statut des quelque quatre millions d'affranchis. Le 14e amendement (1868) garantissait la citoyenneté à toute personne née ou naturalisée aux États-Unis et le droit de vote aux « habitants mâles » âgés de plus de 21 ans. Cet amendement précisait que les personnes en question devaient relever de la « juridiction des États-Unis », manière d'exclure la grande majorité des Amérindiens, censés dépendre de leurs tribus. Le 15e amendement (1870) enfonça le clou en interdisant de remettre en cause le droit de vote pour des « raisons de race, couleur, ou de condition antérieure de servitude ». Cet arsenal constitutionnel semblait interdire tout retour en arrière. Dans un éditorial de mars 1869, le *New York Times* estimait que la question était définitivement réglée. Il en alla tout autrement.

Certes, dans un premier temps, les nouveaux citoyens purent voter, mais le vote n'était pas qu'un moment festif, car le Ku Klux Klan, fondé en 1966, menaçait de mort les électeurs et les élus noirs. Plusieurs centaines d'entre eux furent tués dans ces lendemains désenchantés de la guerre qu'Eric Foner a qualifiés de « terreur contre-révolutionnaire[4] ».

Les élus africains-américains étaient tous membres du Parti républicain, le parti fondé par Lincoln en 1854 qui avait vaillamment lutté contre les Démocrates partisans de l'esclavage. Le Mississippi envoya même deux sénateurs noirs, Hiram Rhodes Revels et Blanche Bruce, au Sénat national à Washington. Les sénateurs démocrates, scandalisés par la perspective d'hommes noirs siégeant au Sénat, engagèrent en vain une procédure judiciaire : « la dernière bataille de la guerre de Sécession », résuma Revels. Mais le printemps démocratique du Sud allait bientôt se clore. Les Républicains nordistes abandonnèrent les Noirs du Sud à la fin des années 1870, en permettant le retour aux postes de pouvoir des anciens partisans de l'esclavage. L'exclusion des Noirs procéda d'une alliance politique entre, d'une part, les élites du Sud (grands propriétaires terriens, industriels et gros marchands qui jusque-là maintenaient des relations paternalistes avec leurs anciens esclaves) et, d'autre part, les Blancs pauvres en concurrence économique directe avec les Noirs. Elle prit deux formes liées : d'une part la ségrégation ; d'autre part la privation du droit de vote.

À la fin du XIXe siècle, les suprémacistes blancs trouvèrent ainsi le moyen de contourner le 15e amendement, qui garantissait en principe le droit de vote pour tous. La fraude électorale et l'intimidation constituaient un premier moyen de marginaliser le vote africain-américain, mais cela ne suffisait pas. Vers 1895, des hommes politiques noirs étaient encore bien installés dans la plupart des assemblées du Sud. De fait, les électeurs noirs se rendaient aux urnes en prenant des risques : des suprémacistes blancs pouvaient camper devant les bureaux de vote, et ils devaient s'organiser en groupes munis de bâtons pour forcer le passage vers les urnes. Il fallait du courage pour oser voter, mais les Africains-Américains savaient que de ce droit dépendait tout le reste[5].

Plusieurs subterfuges furent alors laborieusement mis au point pour les exclure une bonne fois pour toutes. Dans le Mississippi, une convention constitutionnelle créa une clause de résidence stricte, en arguant que les Noirs étaient une « tribu nomade », puis on créa une *poll tax* de deux dollars, et enfin un test d'alphabétisation qui prévoyait un examen de lecture et de compréhension de la Constitution pour tout électeur. Pour éviter de contrevenir au 15e amendement, il n'était nulle part fait mention explicite de la race comme critère d'exclusion.

Six États du Sud se distinguèrent par la « clause du grand-père », imaginée dans les années 1890, stipulant que seules les personnes dont le grand-père pouvait voter en 1860 pouvaient voter sans contraintes particulières. Étaient ainsi créés ce qu'un législateur appela « des électeurs par hérédité ». Cette clause visait à permettre aux Blancs pauvres de voter, en les distinguant des descendants d'esclaves, mais la Cour suprême la déclara inconstitutionnelle en 1915, moyennant quoi la quasi-totalité des électeurs noirs et une partie importante d'électeurs blancs pauvres se trouvèrent écartés des urnes. Qu'à cela ne tienne, on inventa alors des clauses « de bon caractère » pour permettre à une partie des Blancs pauvres de voter malgré tout, même s'ils trébuchaient sur les *literacy tests*. La Cour suprême valida par ailleurs toutes les autres lois de restriction du corps électoral, en soutenant benoîtement qu'elles ne visaient pas explicitement les Africains-Américains, et qu'à ce titre elles ne contrevenaient pas au 15e amendement de la Constitution.

La nécessité historique du suffrage universel telle que prévue par Tocqueville n'était plus qu'une illusion dans le Sud. Le nord des États-Unis détourna le regard, d'autant plus que des lois restreignant l'accès à la citoyenneté pour les immigrants y étaient votées au début du XXe siècle (au moyen de tests d'alphabétisation), pour limiter la participation politique des masses venant d'Europe de l'Est et du Sud et barrer la route au socialisme. Quant aux Chinois, les portes du pays se fermèrent pour eux en 1882, pour des motifs sanitaires et politiques : il n'était pas raisonnable de leur confier un bulletin de vote, indiqua une commission du Congrès[6].

Le suffrage des femmes

Le mouvement pour le droit de vote des femmes trouve son origine dans l'abolitionnisme. En effet, les Américaines jouèrent un rôle essentiel dans le mouvement anti-esclavagiste – tout en y étant au second plan –, *via* certaines Églises très engagées sur la question, en particulier les quakers. En 1848, la convention de Seneca Falls (New York), organisée par des femmes quakers, rassembla deux cents personnes dont une large majorité de femmes, pour réclamer des droits civiques équivalents à ceux des hommes au moyen d'une « déclaration des sentiments », rédigée par Elizabeth Cady Stanton sur le modèle de la Déclaration d'Indépendance : « Il [l'homme] ne l'a jamais autorisée à exercer son droit inaliénable au vote électoral [...] L'ayant privée de ce premier droit citoyen, le droit de vote, la laissant ainsi sans représentation dans les chambres législatives, il l'a opprimée de toute part. » En conclusion, la déclaration appelait, « compte tenu de cette totale privation des droits civiques de la moitié de la population de ce pays, de leur dégradation sociale et religieuse », à ce qu'elles aient « accès sur-le-champ à tous les droits et privilèges qui leur appartiennent en tant que citoyennes des États-Unis ». Par la suite, d'autres meetings eurent lieu, signalant l'émergence d'un premier féminisme américain faisant du droit de vote la pierre angulaire de ses revendications. On rappelait qu'avant la révolution, les femmes avaient eu le droit de vote dans certaines colonies, et que dans certaines nations indiennes, les femmes avaient un pouvoir politique important. Les suffragettes espéraient qu'après la guerre de Sécession l'attention publique se tournerait vers leurs droits, mais ce fut une amère déception : il n'était pas question des femmes dans les 14e et 15e amendements, en dépit des demandes de la National Woman Suffrage Association, fondée en 1869[7]. Toutefois, le mouvement ne faiblit pas et des débats vifs eurent lieu dans les législatures d'États. C'est de nouveau dans les États de l'ouest que la question avança, dans les années 1890 et 1900, là où il fallait attirer des migrantes et où les intérêts des élites locales étaient moins durcis que dans l'est du pays. Dans les territoires du Wyoming et de l'Utah en 1869 et 1870, puis dans les États du Colorado et de l'Idaho dans les années 1890, suivis par la Californie, l'Oregon et le Kansas à partir de 1910, le suffrage féminin s'imposa, tandis que le sud et l'est du pays résistaient.

Les militantes féministes avançaient des arguments universalistes et essentialistes, en insistant sur les vertus particulières des femmes (leur respect de toute vie, leur pacifisme) susceptibles d'élever la vie politique du pays pour peu qu'on leur accordât la possibilité de voter. Le mouvement de tempérance était l'autre cheval de bataille des féministes, qui espéraient que l'inclusion politique des femmes favoriserait l'interdiction de la vente d'alcool aux États-Unis. Certains conservateurs pouvaient être pragmatiquement favorables aux droits civiques des femmes, dans la mesure où il pouvait contrebalancer le vote de citoyens de fraîche date, penchant dangereusement vers le socialisme, mais c'est surtout l'aile progressiste qui dominait le mouvement féministe. Le droit de vote devait favoriser la réforme sociale en permettant aux ouvrières exploitées dans les usines et les ateliers de se faire entendre. C'est pourquoi des réformatrices de premier plan comme Jane Addams, fondatrice de Hull House, la fameuse maison d'œuvres sociales de Chicago, Florence Kelley ou Lillian Wald étaient si favorables au droit de vote des femmes. Plus à gauche, les organisations socialistes s'y rallièrent aussi. Malgré ce large soutien, rien ne bougea au niveau national avant la Première Guerre mondiale, tant les forces opposées au suffrage féminin étaient importantes : les deux principaux partis, le lobby de l'alcool et certains groupes (d'origine allemande ou irlandaise) n'en voulaient pas.

La guerre offrit la possibilité aux Américaines d'occuper des postes de travail jusque-là hors d'atteinte, occasion pour les associations féministes de réclamer à nouveau l'accès au suffrage. Le militantisme ne faiblit pas : pétitions, manifestations devant la Maison-Blanche, grèves de la faim, tout était bon pour faire avancer la cause. Avec succès du côté des États fédérés, puisque plusieurs d'entre eux instituèrent le vote des femmes pour les élections locales. Du côté national, les choses bougeaient aussi, mais plus lentement. En dépit du soutien du président Wilson, qui y voyait son intérêt, la proposition d'amendement échoua à cinq reprises au Congrès entre janvier 1918 et mai 1919, avant une sixième tentative, couronnée de succès, le 4 juin 1919. Les opposants n'avaient pas désarmé et ils menèrent un combat d'arrière-garde auprès des assemblées des États afin qu'elles ne ratifient pas l'amendement[8]. Après une dernière bataille au Congrès du Tennessee, très partagé, le 19e amendement fut définitivement ratifié le 26 août 1920. Les États-Unis étaient le 27e pays du monde à accorder le droit de vote aux femmes, mais un droit limité par des barrières juridiques locales les empêchant d'être candidates aux élections régionales et nationales, et par l'exclusion des Africaines-Américaines et des Amérindiennes[9].

Un autre effet de la guerre, lié à l'engagement des soldats amérindiens dans l'armée américaine, fut le vote en 1924 de l'*Indian Citizenship Act*, qui accorda la citoyenneté aux Indiens, en réparant partiellement leur exclusion du 14e amendement. Une citoyenneté largement inachevée puisqu'elle n'accordait pas automatiquement le droit de vote (plusieurs États le refusèrent jusqu'en 1948) et que beaucoup d'Amérindiens eux-mêmes accueillaient avec amertume la citoyenneté d'un État qui les avait persécutés. Le faible poids démographique des populations indiennes autorisait de toute manière une politique plus libérale que pour les Africains-Américains.

La Seconde Guerre mondiale et la guerre froide donnèrent une nouvelle impulsion aux droits civiques. Les États-Unis se trouvaient face à ce que l'économiste suédois Gunnar Myrdal appela en 1944 le « dilemme américain » : comment se battre au nom de la liberté et de la civilisation quand on pratique la ségrégation et la privation des droits civiques chez soi ? Aux yeux des militants noirs, le droit de vote était aussi crucial que la fin de la ségrégation : « donnez-nous le droit de vote et nous emplirons les assemblées d'hommes de bonne volonté », s'exclama Martin Luther King en 1957. Les lois d'exclusion mises en place un demi-siècle plus tôt étaient toujours valides, elles avaient même été durcies dans les années 1950. En Louisiane par exemple, la loi du « mauvais caractère » permettait d'exclure qui l'on voulait.

Du côté fédéral, l'administration Eisenhower était indifférente, et celle de Kennedy hésitante et peu désireuse de perdre ses alliés démocrates du Sud. Pourtant, l'État fédéral, sous pression des militants, bougea progressivement en faisant voter le 24e amendement en 1962, qui interdisait les *poll taxes* (que les électeurs devaient payer pour pouvoir voter) pour les élections fédérales. Mais les autres dispositions perduraient, et l'inscription des Africains-Américains sur les listes électorales avançait à pas de tortue. C'est, une nouvelle fois, le mouvement militant qui imposa son tempo à l'administration fédérale, en particulier celle de Johnson, qui comprit que sa présidence, et sa place dans l'histoire, se jouerait sur cette question.

Selma

Le fleuve Alabama traverse l'État de l'Alabama du nord-est au sud-ouest, s'étirant en une multitude de méandres qui conduisent ses eaux brunes, riches de l'humus de la *Black Belt*, jusqu'au golfe du Mexique. À partir des années 1820, lorsque le coton devint roi, des bateaux à aubes de faible tirant d'eau remontaient pesamment le cours du fleuve depuis Mobile, à l'embouchure, jusqu'à Montgomery, en faisant halte, chemin faisant, à Claiborne, Cahawba et Selma. Des esclaves débardeurs entassaient les balles de coton issues des grandes plantations de la région dans les cales, tandis que les passagers montaient à bord. Les bateaux étaient lents, les méandres interminables, de telle sorte que, de Selma, il fallait presque compter trois jours, et dix dollars par tête pour rejoindre Mobile, à deux cents kilomètres au sud. L'Alabama était l'État du coton et des esclaves. Avec ses voisins le Mississippi et la Géorgie, ainsi que la Caroline du Sud et la Louisiane, il était l'État de l'esclavage par excellence. Son nom en était synonyme, comme il devint synonyme de la ségrégation et de la violence raciste pendant une bonne partie du XXe siècle. À la veille de la guerre de Sécession, les 435 000 esclaves qui trimaient, pour la plupart, dans ses champs de coton, constituaient 45 % de la population totale. En 1960, après la migration vers le Nord, les Africains-Américains représentaient 30 % de la population de l'État (26 % aujourd'hui), mais ils étaient majoritaires dans la *Black Belt*.

Alexis de Tocqueville et son compagnon de voyage Gustave de Beaumont traversèrent l'Alabama au pas de charge en janvier 1832, dans le cadre d'un périple d'une douzaine de jours dans le Sud, qui concluait leur séjour américain. Les deux jeunes gens se rendirent à Memphis dans le Tennessee, avant de descendre le Mississippi jusqu'à La Nouvelle-Orléans. Ils s'y attardèrent quelques jours avant de rejoindre Mobile en bateau, puis Montgomery en diligence. En route vers Montgomery, une conversation s'engagea avec un avocat local à propos de la violence omniprésente dans l'Alabama, de la représentation politique et des vertus de la démocratie, mais l'esclavage se trouva complètement escamoté. À l'exception d'une scène de genre romantique dans une mystérieuse « forêt d'Alabama » où il croisa une indienne creek, une fillette blanche et une femme noire, occasion de remarquer « les liens d'affection » réunissant « opprimés et oppresseurs », Tocqueville ne s'intéressa pas aux esclaves, qu'il ne chercha pas à rencontrer, dont il ne tenta pas de connaître le sort, et à propos desquels il reprit à son compte certaines banalités racistes de l'époque : les esclaves ont « un goût pour la cause de leurs malheurs ». Certes, Tocqueville reconnaît que l'Amérique n'était pas qu'une « immense et complète démocratie », car « parmi ses peuples il y a les Indiens et les Noirs »[10], mais son voyage dans le Sud profond ne lui permit pas de mieux comprendre l'esclavage ni surtout d'en apprécier l'importance pour son sujet d'étude.

Le coton ne compte plus beaucoup dans l'Alabama d'aujourd'hui. Son déclin commença dans les années 1910, lorsqu'un petit insecte venu du Mexique, l'anthonome du coton (*boll weevil*), ravagea les champs de la *Black Belt*[11]. Puis les programmes du New Deal, qui subventionnèrent les propriétaires fonciers pour arracher le coton et diversifier la production avec rotation des cultures, et enfin les besoins de production de guerre, firent le reste. Dans les années 1950, les troupeaux de bétail et les poulaillers industriels étaient plus nombreux que les champs de coton dans la région. Le chemin de fer, puis les autoroutes, ont définitivement remisé les derniers *steamboats* près des pontons à touristes. Claiborne et Cahawba sont des villes fantômes, et la région de la *Black Belt* compte parmi les plus pauvres du pays. Seule parmi ces bourgades, Selma a survécu en raison d'une économie plus diversifiée : il y eut des fonderies pendant la guerre de Sécession, des usines textiles ensuite, une base de l'armée de l'air de 1941 à 1977, différentes activités encore liées à l'aviation aujourd'hui, qui maintiennent la ville à flot. Mais cela ne suffit pas à enrayer un lent déclin, d'autant que les grandes entreprises hésitent encore à s'implanter dans les comtés majoritairement noirs de la *Black Belt*. Une promenade dans les rues devenues trop larges de Selma révèle les bâtiments à l'abandon, les boutiques fermées depuis longtemps, les maisons de bois à la peinture écaillée et aux porches affaissés.

Au début des années 1960, la ville comptait environ 28 000 habitants, à 80 % africains-américains (58 % pour le comté de Dallas). Les hommes occupaient les postes les plus modestes de la base aérienne et des commerces, les femmes étaient domestiques ou cuisinières dans les maisons bourgeoises des Blancs. Face au corset de la ségrégation qui se noua solidement à la fin du XIXe siècle, les Noirs de Selma avaient construit leurs propres institutions : hôpital, écoles, églises, loges maçonniques, et même une petite université baptiste, Selma University, fondée en 1878. Une élite locale noire de commerçants, assureurs, banquiers, entrepreneurs de pompes funèbres, médecins, enseignants, contribuait à la vie de la communauté par ses activités associatives et charitables. C'est au sein de cette élite que des initiatives politiques furent prises, comme la fondation d'une section de la NAACP en 1918, ou d'une branche de l'UNIA garveyiste dans les années 1920, ou bien encore la création de la Dallas County Voters League (DCVL), portée à bout de bras par S. W. et Amelia Boynton.

Les Boynton étaient des personnalités locales influentes. Celle qui était alors Amelia Platts s'installa à Selma en 1929, pour aider celui qu'elle allait épouser, Samuel William Boynton, « agent du comté » qui prodiguait des conseils aux fermiers et métayers noirs du comté, tant d'un point de vue agronomique que financier. S. W. Boynton avait étudié au Tuskegee Institute, non loin de Selma, fondé par Booker T. Washington en 1881, qui avait pour finalité d'« élever la race » en formant les étudiants à des métiers pratiques et en étoffant ainsi une élite noire locale. Les époux Boynton étaient persuadés que seuls la propriété de la terre et le droit de vote pourraient améliorer le sort des Noirs du comté de Dallas. À partir du milieu des années 1930, ils organisèrent donc des réunions afin de déterminer des demandes collectives pour les Noirs de la région. C'est ainsi que la DCVL, fondée quelques années auparavant par un vétéran de la Première Guerre mondiale, C. J. Adams, mais qui vivotait jusque-là, commença son travail militant.

Parallèlement, les Boynton ouvraient un bureau d'assurance vie à Selma, qui servit aussi de siège à l'association. Ils n'attiraient pas vraiment l'attention des autorités blanches et du Ku Klux Klan, dans la mesure où la DCVL jouait encore le jeu en essayant de former les Noirs pour qu'ils puissent passer avec succès le *literacy test*. Si peu de personnes étaient concernées que cela ne changeait rien au rapport de force local.

La ségrégation et la privation des droits civiques étaient solidement installées au milieu du XXe siècle, mais un vent nouveau commençait de souffler. La Seconde Guerre mondiale et la guerre froide avaient donné une nouvelle impulsion aux droits civiques. Les soldats noirs américains de retour d'Europe, certains après avoir libéré les camps de concentration nazis, n'étaient plus disposés à courber l'échine. Fin 1945, des soldats de retour d'Europe marchèrent, en centre-ville de Birmingham, jusqu'au bureau électoral pour pouvoir s'y inscrire. Dans les années 1950, les Soviétiques et les Partis communistes du monde entier ne manquaient pas de fustiger l'hypocrisie du chef de file des « pays libres », et des reportages nombreux sur la situation lamentable des Noirs américains étaient publiés dans la presse communiste[12]. En outre, la décolonisation qui s'accéléra à la fin des années 1950 en donnant l'indépendance aux peuples asiatiques et africains plaça les États-Unis en position difficile : comment nouer de bonnes relations avec ces nouveaux pays, représentés à l'ONU ? Louis Armstrong, dont des tournées furent financées par le Département d'État américain, refusa tout net de prolonger ses voyages, au moment du boycott des bus de Montgomery, en 1956[13].

Aux yeux des militants noirs, le droit de vote était aussi crucial que la fin de la ségrégation. Or les lois d'exclusion mises en place un demi-siècle plus tôt étaient toujours valides, et avaient même été durcies au début des années 1950. Tout au plus les autorités locales toléraient-elles dans chaque État un tout petit nombre d'électeurs africains-américains, dont le poids politique était nul, pour donner le change.

Si la Cour suprême avait interdit la ségrégation dans les écoles publiques par le fameux arrêt *Brown v. Board of Education* de 1954, celle-ci restait *de facto* une réalité du Sud, faute de volonté pour faire respecter la loi. Poussé par les événements, à Montgomery et Little Rock, Eisenhower proposa une loi sur les droits civiques visant à augmenter la participation électorale des Africains-Américains dans le Sud. En dépit de l'opposition acharnée des élus démocrates du Sud, adeptes du *filibustering* (obstruction parlementaire), la loi fut signée par le président en septembre 1957. Elle était très modeste, puisqu'elle se contentait de créer, au sein du ministère de la Justice, une commission de six membres chargée d'enquêter sur les conditions d'exercice du droit de vote dans le Sud, et prévoyait une amende légère en cas d'obstruction au vote pour une élection fédérale. Cette loi fut un coup d'épée dans l'eau : en 1960, le nombre d'électeurs noirs n'avait augmenté que de 3 %. Une deuxième loi, en 1960, alla un peu plus loin, en prolongeant la commission au-delà des deux années initialement prévues, en interdisant la destruction des formulaires, bulletins et autres papiers de la procédure électorale et en renforçant la supervision de cette dernière par les cours de justice. La question du droit de vote demeurait encore largement entre les mains des pouvoirs locaux, pour qui il était hors de question que la population noire puisse jouir de droits politiques.

Selma est reliée à la capitale de l'État, Montgomery, par la route 80, une quatre-voies qui coupe la ville en deux en prenant le nom impersonnel de Broad Street et tient lieu de rue commerçante, avant d'enjamber le fleuve Alabama grâce au pont Edmund-Pettus. L'inauguration du pont, en mai 1940, fut un grand moment de festivités, avec barbecues, concerts, bal et discours du gouverneur. Financé en partie par l'argent fédéral du New Deal, il visait à désenclaver Selma en la reliant à Montgomery et, de là, à Birmingham au nord, Mobile au sud, et Atlanta au nord-est. D'aspect banal mais de belle hauteur, avec ses poutrelles d'acier et son tablier de béton, ce pont rend hommage à un grand défenseur de l'esclavage, général de brigade de l'armée confédérée pendant la guerre civile, grand dragon du Ku Klux Klan et sénateur de l'Alabama sur ses vieux jours. Pilier de la ségrégation, Edmund Pettus (1821-1907) n'était pas natif de Selma, mais c'est là qu'il s'installa après la guerre de Sécession comme avocat et dignitaire du Parti démocrate et du Klan ; c'est dans le Live

Oak Cemetery de Selma qu'il est enterré, à l'ombre moite des chênes moussus, aux côtés des statues et monuments funéraires à la gloire des soldats confédérés, dans le quartier blanc et cossu de Selma, à quelques centaines de mètres du pont qui porte son nom en lettres capitales. Juste à côté du cimetière, le Selma Country Club, fondé en 1923, propose un parcours de golf, des terrains de tennis, une piscine et un restaurant à ses membres, pour peu qu'ils aient suffisamment d'argent et qu'ils ne soient pas noirs. Un Sud faulknérien, où le passé et le présent sont inextricablement mêlés.

Bien que sans prétention architecturale, le pont Edmund-Pettus est un monument historique. Peut-être est-il le pont le plus célèbre des États-Unis avec le Brooklyn Bridge de New York ou le Golden Gate Bridge de San Francisco. Il a vu passer la flamme olympique en chemin vers les jeux d'Atlanta en 1996, portée par Andrew Young, vétéran des droits civiques qui en connaissait chaque mètre. Bill Clinton, George W. Bush, Barack Obama l'ont arpenté, et chaque mois de mars une cérémonie émouvante s'y déroule. En mars 2015, Obama déclara que le pont de Selma changea le destin du pays.

Ce petit pont de cette petite ville est donc devenu le lieu symbolique du mouvement pour les droits civiques. Plus précisément, il est indissociablement lié à la question brûlante du droit de vote des Noirs américains. À Selma même, seuls 2 % des Africains-Américains disposaient du droit de vote au début des années 1960. Dans l'ensemble du comté de Dallas, dans lequel Selma est située, 156 Africains-Américains sur 15 000 étaient inscrits sur les listes électorales, un pourcentage particulièrement bas, y compris pour l'Alabama, mais très normal dans la *Black Belt*. En 1961, le ministère de la Justice demanda poliment des éclaircissements à ce sujet, mais le juge local lui claqua la porte au nez en arguant que si la discrimination avait pu exister dans le passé, ce n'était désormais plus le cas. En conséquence, l'intervention de l'État fédéral n'était ni nécessaire ni souhaitable.

Il n'en demeure pas moins que le mouvement pour les droits civiques fit entendre ses échos à Selma et y suscita une réaction forte. En 1956, le boycott des bus de Montgomery, ville voisine, n'était évidemment pas passé inaperçu dans le comté de Dallas, pas plus que les *Freedom Rides*, qui avaient sillonné l'Alabama en prenant de grands risques. Le 14 mai 1961, à Anniston, un peu au nord de Selma, sur la route allant d'Atlanta à Birmingham, le Ku Klux Klan local avait incendié le bus Greyhound des *Riders*, qui avaient échappé de très peu à une mort atroce. L'Alabama et le Mississippi étaient à juste titre perçus comme les deux bastions de la suprématie blanche la plus meurtrière. C'est à Selma qu'était installé le quartier général des White Citizens' Councils pour l'Alabama, une organisation fondée en 1954 dans le Mississippi, dans la foulée de la décision *Brown*, qui était en quelque sorte un Klan bien habillé et plus policé en paroles. L'idéologie du Klan avec les manières du Rotary Club.

Les membres des White Citizens' Councils n'usaient pas des meurtres et des intimidations physiques, mais, puisqu'ils étaient souvent dans des positions de pouvoir économique, ils exerçaient des pressions et des menaces de licenciement sur les Africains-Américains qui, par exemple, prenaient part à des manifestations. Un certain nombre de suprémacistes, comme Byron De La Beckwith, assassin de Medgar Evers, étaient simultanément membres du Klan et des White Citizens' Councils, ce qui incite à ne pas établir de différence trop stricte entre ces deux organisations. Sur la forme, elles se partageaient les tâches ; sur le fond, elles étaient en accord.

L'histoire frappa directement à la porte de Selma début 1963[14]. En février, Bernard Lafayette et Colia Liddell Lafayette, tous les deux âgés de 22 ans, s'installèrent à Selma en compagnie de Frank Holloway pour inciter la population noire à tenter de s'inscrire malgré tout sur les listes électorales[15]. Bernard Lafayette, né à Tampa (Floride) en 1940, avait fait ses premières armes de militant à Nashville (Tennessee) puis il s'était tourné pendant l'été 1962 vers Jim Forman, secrétaire exécutif du SNCC à Atlanta, pour obtenir son propre « projet », à savoir être aux commandes d'une action militante dans un secteur donné. Le SNCC s'était fait connaître initialement par des actions « coup de poing » comme les *sit-in* et les *Freedom Rides*, mais en 1963, sous l'impulsion de Ella Baker, les militants avaient réorienté leur stratégie vers l'organisation locale : il s'agissait prioritairement d'implanter des activistes dans des communautés rurales et des petites villes du Sud profond, pour politiser les habitants et les aider à s'inscrire pour voter. Chaque petit groupe de militants se voyait attribuer un secteur.

« Il ne reste plus que Selma, lui dit Forman, mais c'est exclu » : l'endroit est trop dangereux, et les Noirs de Selma sont trop effrayés pour bouger. Forman connaissait bien la question, lui qui était né à Chicago mais qui avait été élevé par sa grand-mère dans un hameau du Mississippi. Il savait prendre des risques calculés, mais Selma était hors périmètre pour le SNCC.

Qu'à cela ne tienne, répondit Lafayette, j'y vais. En dépit des inquiétudes de la direction du SNCC, il s'installa donc à Selma en compagnie de Colia, une militante du Mississippi qu'il venait d'épouser. Voilà qui faisait office de lune de miel, mais une lune de miel dangereuse et isolée. Bernard Lafayette se rappelle que les habitants changeaient de trottoir pour éviter tout contact avec eux, tant la peur des représailles les tenaillait. Dans la campagne environnante, les métayers noirs vivaient dans des conditions qui n'avaient pas changé depuis la fin de l'esclavage. Dans *The Student Voice*, le journal du SNCC, Holloway décrit Gee's Bend, une communauté rurale isolée dans un méandre du fleuve, au sud de Selma. Il y trouve une misère écrasante : les cabanes dans lesquelles les Noirs vivent, sans électricité ni eau courante ; les unions consanguines et les enfants qui ne vont pas à l'école mais travaillent toute l'année dans les champs[16]. Aujourd'hui, Gee's Bend est connue pour la fabrication de couvertures doublées (les « courtepointes de Gee's Bend ») réalisées par des femmes, d'une qualité esthétique exceptionnelle, exposées dans les plus grands musées du pays. Dans les années 1960 à Gee's Bend et dans les environs, les militants se donnaient des objectifs simples et réalistes : il s'agissait d'abord d'apprendre aux gens à écrire leur nom. « J'ai appris à l'école qu'Abraham Lincoln avait signé la Proclamation d'émancipation, j'y ai cru jusqu'à ce que j'aille dans le comté de Dallas », dit Amelia Boynton.

La chance tourna le 13 mars suivant, lorsque les Lafayette croisèrent deux lycéens occupés à pousser une Ford modèle 1954 de couleur verte. Bernard donna un coup de main, la conversation s'engagea, et les jeunes gens, Cleophus Hobbs et Charles Bonner, signifièrent leur intérêt pour faire quelque chose et enrôler leurs camarades. La semaine suivante, trente-neuf d'entre eux étaient présents au cours de formation civique proposé, jusque-là avec peu de succès, par les Bernard au sous-sol de l'église Tabernacle Baptist Church. Début avril, une section du SNCC était en place à Selma. C'est donc du côté des plus jeunes que les choses avaient changé. C'étaient les lycéens qui glissaient les tracts dans les boîtes à lettres, en parlaient à leurs familles, qui suivaient des cours sur la non-violence.

Les Lafayette ne voyaient pas le SNCC en concurrence avec la DCVL, l'association des Boynton, qui avait les mêmes objectifs et dont les membres connaissaient très bien Selma et surtout les communautés rurales environnantes. Le bureau du SNCC était d'ailleurs installé dans la même bâtisse que l'agence d'assurance des Boynton. Pour eux comme pour Forman, qui insistait beaucoup là-dessus, il était hors de question d'imposer le SNCC aux militants locaux, mais plutôt de donner un coup de main, au moins dans un premier temps. C'était à la population locale de prendre les choses en main, et le SNCC n'était là que pour impulser, aider, diffuser les connaissances. On pourrait comparer le SNCC aux « établis » français, ces étudiants qui travaillaient en usine après 1968 dans l'espoir de politiser les ouvriers sans l'autoritarisme antidémocratique du Parti communiste. Aux yeux des Boynton, le partenariat avec le SNCC, organisation nationale, ne pouvait que renforcer la DCVL. Mais le SNCC était plus radical dans ses méthodes : finie la politique des petits pas. À Selma, sur le mur de l'agence d'assurance des Boynton, la liste des cent cinquante-six personnes qu'ils avaient réussi à faire inscrire sur la liste électorale était affichée. Ce n'était pas rien, mais on était loin du compte, et les Boynton étaient fatigués.

S. W. Boynton mourut d'une crise cardiaque en mai : Lafayette organisa une cérémonie en son honneur le 14 mai, dans l'église Tabernacle, au cours de laquelle trois cent cinquante personnes purent entendre des hommages appuyés au défunt, mais aussi une exhortation à assister aux cours de formation civique. Dans l'église, Jim Forman, venu d'Atlanta pour l'occasion, s'adressa à la foule : « La Constitution nous donne des droits, mais si nous n'essayons pas de les exercer, alors nous perdrons ces droits. » Un groupe de Blancs suprémacistes munis de bâtons attendait à l'extérieur de l'église, mais le meeting s'acheva sans encombre. Cependant Bernard était désormais visé. Le 9 juin, une publicité du *Selma Times Journal* demandait à ses lecteurs : « Qu'avez-vous fait personnellement pour conserver la ségrégation ? » Le 12 juin, au lendemain d'un discours marquant de John Kennedy sur les droits civiques, qui renonçait enfin à l'attentisme prudent qui le caractérisait jusque-là, Bernard Lafayette fut attaqué devant chez lui par deux hommes et sauvé *in extremis* par un voisin muni d'un fusil à pompe. Il porta sa chemise ensanglantée plusieurs jours pour faire savoir la menace qui le visait. Le même jour, Medgar Evers, responsable de la NAACP à Jackson, Mississippi, était assassiné devant chez lui par Byron De La Beckwith, un suprémaciste membre du White Citizens' Council local et du Ku Klux Klan. Evers était plus âgé, bien plus connu et plus exposé que Lafayette, mais à Selma comme à Jackson, la menace d'un assassinat faisait l'ordinaire des militants.

Ces derniers avaient aussi affaire à une police hostile. À Selma et pour le comté de Dallas, le chef de la police (shérif) était Jim Clark. Il avait été nommé en 1955 par le gouverneur « Big Jim » Folsom, et avait conservé de son ancien métier d'éleveur l'habitude d'utiliser un aiguillon à bétail, qui s'ajoutait à la matraque et au pistolet réglementaires. Proche du White Citizens' Council et du Ku Klux Klan, portant fièrement un badge sur lequel était inscrit « *Never !* », Clark était sans doute, avec son collègue « Bull » Connor de Birmingham (natif de Selma), le shérif le plus violemment raciste du Sud ségrégué. Il avait de surcroît assemblé une troupe de nervis, le *posse*, sorte de police parallèle formée d'hommes de main recrutés dans les environs, armés et en uniforme militaire, paradant fréquemment à cheval. Le *posse* de Clark lui permettait d'agir à sa guise.

Il n'empêche : pendant l'été 1963, le nombre d'habitants de Selma qui suivaient la formation proposée par le SNCC alla croissant, bien au-delà des lycéens. À Selma et aux alentours, plusieurs centaines de personnes étaient inscrites. Le temps de l'isolement était révolu.

La formation proposée par les Lafayette eut pour effet d'accroître sensiblement le nombre de candidats à l'inscription sur les listes électorales : il fallait pour cela se rendre au tribunal de Selma le premier ou le troisième lundi de chaque mois. La démarche était symbolique, puisque les fonctionnaires locaux avaient ordre de refuser leur inscription. Le SNCC organisa alors une action collective, le 7 octobre, par laquelle plusieurs centaines de personnes se rassemblèrent devant le tribunal, attendant de déposer un dossier de candidature. Le *posse* de Clark était également présent et intervint brutalement pour empêcher la distribution de sandwiches et d'eau à la foule qui patientait au soleil.

L'interdiction de la ségrégation dans les lieux publics, matérialisée par le *Civil Rights Act* du 2 juillet 1964, n'eut pas d'effet immédiat à Selma. Le shérif Clark se moquait de la loi, et intervenait avec son *posse* pour chasser ou arrêter celles et ceux qui entendaient, par exemple, s'asseoir dans le secteur réservé aux Blancs du cinéma local pour jouir de leur liberté nouvelle. En outre, un juge local interdit à toutes les associations de se rassembler. La situation semblait bloquée. Avec l'accord de ses amis de la DCVL, Amelia Boynton alla alors trouver celui qui pouvait peut-être aider les Noirs de Selma.

Après le vote de la loi des droits civiques, la SCLC de Martin Luther King cherchait de nouveaux lieux, dans le Sud profond, où investir ses efforts militants. L'expérience leur avait enseigné que trois conditions devaient être remplies : une communauté noire bien organisée ; des partisans acharnés de la ségrégation ; et un chef de la police brutal et borné. En 1962 à Albany, où un groupe très actif de militants du SNCC et de la NAACP avait organisé des manifestations, des sit-in, des boycotts, King avait connu un échec cinglant et retenu la leçon.

La suite, ce fut l'Alabama, et d'abord Birmingham. King connaissait bien la *Black Belt* de l'Alabama, puisque son premier poste de pasteur avait été à l'église baptiste Dexter, à Montgomery, où il résida de 1954 à 1960.

Au moment où Amelia Boynton s'en alla trouver le bureau de la SCLC à Birmingham, l'instant était propice. Aux yeux de King, la situation était similaire à celle de Birmingham, à plus petite échelle : des institutions noires anciennes et bien établies, le travail ancien du DCVL, l'activisme renouvelé du SNCC ; en face, le shérif Clark et ses hommes, les White Councils et le Klan, et des élites anciennes arc-boutées sur la ségrégation. King décida donc de jeter ses forces dans la bataille de Selma à son retour d'Europe.

Il arriva dans la bourgade le 2 janvier 1965, auréolé du prix Nobel de la paix reçu à Stockholm trois semaines auparavant. Son discours le soir même donna le ton : d'abord parce qu'il eut lieu devant sept cents personnes dans l'église méthodiste Brown, ce qui défiait l'interdiction de tout rassemblement édictée par le juge Hare. Et surtout parce que le ton de King était offensif, en faisant de Selma le début d'une grande campagne pour l'obtention du droit de vote dans l'Alabama. Lui qui avait promis, dans son discours de réception du prix Nobel, de ne pas « rester au sommet de la montagne » et de « retourner dans la vallée, une vallée où des milliers de Noirs sont brutalisés, intimidés, et parfois tués dès qu'ils tentent de s'inscrire sur les listes électorales pour exercer leur droit de vote », tenait parole. À Stockholm, King pensait déjà à Selma.

Une réunion entre King et la SCLC, le SNCC et la DCVL prolongea le meeting, ce qui n'allait pas de soi tant les tensions étaient nettes entre les membres plus radicaux de la SNCC et les amis de King. Mais tous s'accordèrent pour organiser le travail : découper la ville en secteurs et recruter des volontaires pour aller au tribunal défier les autorités. Plusieurs centaines de personnes se rendirent au tribunal le 18 janvier, en compagnie de King et de John Lewis pour le SNCC. Le shérif Clark, posté devant la porte du tribunal, intervenait systématiquement, en frappant et en arrêtant. Ce fut le cas le lendemain, lorsque Amelia Boynton fut jetée à terre et emmenée. Le 22, les enseignants des écoles se joignirent au mouvement, en prenant le risque d'être révoqués de leurs écoles, avant le retour de King le 1er février, en compagnie du pasteur Ralph Abernathy, à la tête d'un cortège de deux cents personnes. Leur objectif était d'être arrêtés afin d'attirer plus encore l'attention nationale sur Selma. Pari tenu : « À chaque fois que le mouvement s'étiole, le shérif Clark vient à notre secours », ironisa un militant de la SCLC. Pendant que King était en prison, Malcom X fit halte à Selma le 4 février, à l'invitation du SNCC. Malcom X était alors en conflit ouvert avec Nation of Islam, et il cherchait, sur la scène internationale (il venait de passer plusieurs mois à voyager en Afrique et en Europe) comme aux États-Unis, à construire un nouveau mouvement, plus ouvert, y compris dans le Sud profond qu'il connaissait très mal. Il prononça un discours conciliant dans l'église Brown. Le temps de la dénonciation de la mollesse de King était révolu.

Ce fut le cas également de la police de l'État d'Alabama (*State Troopers*) qui, le 18 février, tua un jeune manifestant lors d'une marche de nuit à Marion, une bourgade située à une vingtaine de kilomètres de Selma – et ville natale de Coretta Scott King. Poursuivie par la police, la famille Jackson trouva refuge dans le Mack's Cafe. Les policiers firent irruption et, alors que Jimmy Lee Jackson tentait de protéger sa mère qu'un policier frappait, un autre tira sur lui à bout portant. Le jeune homme mourut une semaine plus tard de ses blessures. Il avait tenté cinq fois de s'inscrire sur les listes électorales du comté de Dallas. La cérémonie religieuse dans l'église Brown, au cours de laquelle King prononça un hommage à Jimmy Lee Jackson, montra la détermination des Africains-Américains de Selma et des environs. « Jimmy Jackson voulait juste voter », releva sobrement King.

Dans l'église, une voix s'éleva pour proposer de porter le cercueil de Jackson jusqu'au capitole de Montgomery afin de montrer à tous, y compris au gouverneur Wallace, les agissements de sa police. La foule approuva. Des débats eurent lieu par la suite, jusqu'à ce que la date du 7 mars fût arrêtée. Une marche aurait donc lieu de Selma à Montgomery. La veille du jour prévu, Wallace interdit la marche, de telle sorte que, le lendemain, un dimanche, les six cents personnes, dont au moins trois cents de Marion, se retrouvèrent à l'église Brown. Parmi elles, il y avait des militants connus nationalement. Le chef du SNCC, John Lewis, était là. Il connaissait bien la *Black Belt*, pour être né à Troy, au sud-est de Selma, dans une famille de métayers. Militant aguerri, Lewis était venu donner un coup de main et s'adresser aux journalistes : « Nous marchons aujourd'hui pour faire savoir au pays et au monde que des centaines de milliers de citoyens noirs de l'Alabama, particulièrement ici dans la région de la *Black Belt*, sont privés du droit de vote. »

La foule se mit en marche en début d'après-midi, avec, en tête de cortège, Hosea Williams pour la SCLC et John Lewis pour le SNCC[17]. Les marcheurs franchirent sans encombre le petit kilomètre qui sépare l'église Brown du pont Edmund-Pettus. Sur l'autre rive, le pont était bloqué par la police d'État et par les hommes de Clark. Par haut-parleur, le commandant des forces de l'État, le major John Cloud, signifia que la marche était interdite et qu'il fallait se disperser. La foule continua à avancer sur le pont. Cloud donna alors l'ordre de charger, avec en tête des policiers montés munis de bâtons, qui frappèrent violemment et indistinctement dans un nuage de gaz lacrymogène. Les manifestants en première ligne s'effondrèrent, blessés, gravement pour certains. John Lewis fut l'un des premiers frappés, et perdit connaissance, en pensant qu'il allait mourir. « J'ai pensé que c'était ma dernière manifestation. » Amelia Boynton fut également frappée durement.

Les autres refluèrent en désordre vers le centre-ville, poursuivis par les policiers jusque dans les parages de l'église Brown et au-delà. La détresse et la colère des Noirs de Selma était immense, au point que certains menaçaient de sortir des armes la prochaine fois.

Le *Bloody Sunday*, ainsi qu'il fut immédiatement nommé par la presse, eut un retentissement considérable dans le pays. Les caméras de télévision avaient filmé la scène, et montré une nouvelle fois, après Birmingham, la violence aveugle et arrogante des forces de l'ordre de l'Alabama. La chaîne de télévision NBC, qui diffusait son film du dimanche soir, *Jugement à Nuremberg* de Stanley Kramer, interrompit son programme pour montrer quinze minutes d'images de Selma à 48 millions d'Américains. Les jours suivants, il y eut foule devant la Maison-Blanche pour exiger bruyamment, y compris la nuit, l'intervention de l'État fédéral, au point de contrarier le sommeil de Mme Johnson… Le téléphone du président sonnait sans discontinuer.

Le lendemain, les avocats de la SCLC en appelèrent au juge fédéral de Montgomery afin d'autoriser une nouvelle marche le mardi 9 mars. Celui-ci mit l'affaire en délibéré : la situation était délicate, puisqu'il s'agissait d'une décision fédérale que King ne voulait pas enfreindre. Que faire, d'autant que, à l'invitation de King, pasteurs, prêtres et rabbins affluaient de tout le pays pour la marche du 9 ? Un compromis fut donc mis au point : la marche alla jusqu'au pont, après quoi les marcheurs s'agenouillèrent pour une courte prière, avant de revenir à l'église Brown. Beaucoup reprochèrent à King cette marche avortée du 9 mars, mais c'était reculer pour mieux sauter, en attendant la décision du juge. Celles et ceux qui pouvaient rester à Selma furent invités à patienter, en étant hébergés chez l'habitant.

Parmi eux, il y avait un jeune pasteur de l'église unitarienne de Boston, membre de la SCLC, James Reeb. Reeb concevait son engagement religieux comme une manière de lutter contre les injustices terrestres. C'est pour cela qu'il avait quitté l'Église presbytérienne, plutôt conservatrice, pour rejoindre l'Église unitarienne, et qu'il s'était investi dans un quartier pauvre de Philadelphie avant de s'installer dans le quartier noir de Roxbury à Boston en 1964. Reeb avait logiquement répondu présent à l'appel de King. Le soir du 9, lui et deux autres pasteurs dînèrent au Walker's Cafe. Sortis du restaurant, ils s'égarèrent et finirent par passer devant le Silver Moon Cafe. Quatre hommes les repérèrent, les apostrophèrent et se dirigèrent vers Reeb et ses amis munis d'un gourdin. Reeb fut frappé à la tête et s'écroula. La fracture du crâne nécessitait des soins intensifs qui n'étaient pas réalisables à l'hôpital noir de Selma, tandis que l'hôpital blanc lui ferma ses portes. Une ambulance finit par le transporter à l'hôpital universitaire de Birmingham, mais trop de temps avait été perdu. Reeb sombra dans le coma et mourut deux jours plus tard. Selma ne quittait plus la une des journaux imprimés et télévisés, et Johnson comprit qu'il devait bouger. Ses arguments dilatoires ne tenaient plus.

Après avoir consulté ses conseillers et les principaux parlementaires, dont l'influent *speaker* démocrate John McCormack, Johnson décida de s'adresser en personne au Congrès des États-Unis. En dehors des traditionnels messages sur l'État de l'Union, il était rarissime qu'un président s'adressât directement au Congrès pour annoncer un projet de loi. Et rien n'était prêt au matin du 15 mars, pour un discours prévu à 9 heures le soir. Dick Goodwin, la plume du président, y travailla avec acharnement toute la journée. Goodwin avait connu l'antisémitisme dans sa jeunesse, et il mit dans le discours plus que son talent de plume et sa connaissance du président ; il y mit une part de lui-même, de ses « peurs d'enfant[18] ».

Johnson monta à la tribune, applaudi par les parlementaires. Manquaient à l'appel bon nombre de ceux du Sud, qui signifiaient ainsi leur opposition à ce qui devait être annoncé. Johnson savait qu'il n'était pas un grand orateur, en tout cas pas comparable à John Kennedy, mais la force intrinsèque du discours devait suffire. « Je vous parle ce soir de la dignité de l'homme et du futur de la démocratie, commença le président. Il arrive que l'histoire et le destin se rencontrent en un lieu et en un moment pour représenter un tournant dans la quête inlassable de l'homme pour la liberté. Ce fut le cas à Lexington et Concord. Ce fut le cas il y a un siècle à Appomatox. Ce fut le cas la semaine dernière à Selma, Alabama. » La salle était parfaitement silencieuse. Après avoir rendu hommage à Reeb et fait allusion à la marche, il poursuivit : « Il n'y a pas de problème noir. Il n'y a pas de problème sudiste. Il y a seulement un problème américain. » Les salves d'applaudissements retentissaient par saccades, entre les moments de grand silence. Il centra ensuite le propos sur le vote : « L'histoire de ce pays, dans une large mesure, est celle de l'essor du droit de vote pour tous. [...] Chaque citoyen américain doit avoir le droit de voter [...]. Pourtant, la vérité cruelle est que dans beaucoup d'endroits de ce pays, des hommes et des femmes ne peuvent exercer ce droit simplement parce qu'ils sont noirs. » Johnson poursuivit en détaillant les moyens par lesquels ces citoyens étaient privés du droit de vote, avant d'annoncer ses intentions : « Mercredi, je déposerai un projet de loi au Congrès pour éliminer les barrières juridiques au droit de vote. » « Nous attendons depuis plus de cent ans », ajouta Johnson, en faisant allusion à l'abolition de l'esclavage en 1865, « et le temps de l'attente est révolu ». Le discours s'élargit ensuite pour inclure les questions d'inégalités économiques et sociales des Noirs américains et des Blancs pauvres, auxquelles il comptait s'attaquer. Et puis vint le moment extraordinaire. Dans une allusion claire au mouvement des droits civiques, Johnson cita le fameux gospel *We Shall Overcome*, la chanson emblématique des militants pour se réconforter et s'encourager, dans les bus, dans les prisons ou à pied sur les grandes routes du Sud. Il était tout à fait stupéfiant qu'un président, texan de surcroît, cite ce gospel, qui souleva de leurs sièges les parlementaires, à l'exception des Sudistes. Le discours achevé, une ovation de trente secondes salua l'événement. La presse rapporta que plusieurs parlementaires tremblaient d'émotion. Johnson rentra à la Maison-Blanche savourer un whisky avec ses collaborateurs. Ce fut sans doute le meilleur moment de sa vie politique.

Au lendemain de ce discours historique, Frank Minis Johnson, le juge fédéral de Montgomery, ne pouvait qu'accéder à la demande de la SCLC en autorisant la marche et en interdisant au shérif Clark et à la police de l'État d'Alabama de bloquer les manifestants. Le juge Johnson était du reste personnellement en faveur des droits des Africains-Américains. Le gouverneur Wallace contre-attaqua en annonçant qu'il n'était pas en mesure de les protéger contre d'éventuelles attaques. Johnson répliqua en mobilisant la garde nationale de l'Alabama, une force armée placée sous l'autorité du gouvernement fédéral. Au même moment, les volontaires affluaient à Selma, mais il fallait en premier lieu organiser la marche, prévue le 21 mars : enrôler au long du parcours des fermiers noirs qui acceptent de laisser les marcheurs camper chez eux ; s'occuper du ravitaillement, du service d'ordre, trouver des toilettes mobiles et mille et une autres tâches. Le jour prévu, un dimanche, quelques milliers de personnes quittèrent donc les alentours de l'église Brown en début d'après-midi, et franchirent sans difficulté le pont Edmund-Pettus. John Lewis était présent, mais aussi Martin Luther King, Ralph Abernathy, et aussi un jeune militant du SNCC, Stokely Carmichael. Des soldats de la garde nationale escortaient le cortège, pour protéger les marcheurs :

des forces de l'ordre local, des membres du Klan, nombreux dans les comtés de Dallas et de Lowndes. Pour une section plus étroite de la route 80, au milieu du parcours, le juge avait limité le nombre de marcheurs à trois cents : tout le monde n'eut donc pas l'honneur d'effectuer les 80 kilomètres. Le SNCC choisit celles et ceux qui avaient auparavant affronté Clark et ses nervis : des femmes et des hommes de Selma et des environs. Dès le dimanche soir, la plupart des marcheurs firent demi-tour, tandis que trois cents personnes campaient. Les deux jours suivants, elles continuèrent leur chemin sous une pluie battante, campant dans des champs boueux. En entrant dans le comté de Montgomery, la route s'élargit, et le cortège grossit de nouveau. Le soir du 24, en lisière de la ville de Montgomery, les marcheurs firent halte sur les terrains de sport du campus St Jude[19]. Un concert, *Stars for Freedom*, eut lieu ce soir-là, avec Harry Belafonte, Joan Baez, Nina Simone, Sammy Davis Jr. et bien d'autres, démontrant la capacité des organisateurs à obtenir le soutien des célébrités, comme ils l'avaient fait deux ans auparavant à Washington.

Le lendemain matin, le cortège, composé d'au moins 25 000 personnes, se dirigea vers le Capitole, au centre-ville. Juste à côté se trouvait l'église Ebenezer où King avait officié plusieurs années. King s'adressa à la foule en rappelant le boycott des bus de Montgomery, près de dix ans auparavant, et il demanda : « Combien de temps cela va-t-il prendre ? » Et King, dans le passage le plus original du discours, développa une leçon d'histoire, en s'appuyant précisément sur les travaux de l'historien C. Vann Woodward :

> Toute notre campagne en Alabama a été centrée sur le droit de vote. En attirant aujourd'hui l'attention de la nation et du monde sur le déni flagrant du droit de vote, nous dévoilons l'origine même, la cause profonde, de la ségrégation raciale dans le Sud. La ségrégation raciale en tant que mode de vie n'est pas le résultat naturel de la haine entre les races immédiatement après la guerre de Sécession. Il n'y avait alors aucune loi séparant les races. Et comme le souligne clairement l'historien réputé C. Vann Woodward dans son livre *The Strange Career of Jim Crow*, la ségrégation raciale fut un stratagème politique utilisé par les intérêts Bourbon [les élites sudistes] émergents dans le Sud pour faire que les masses du sud soient divisées et que la main-d'œuvre soit la moins chère du pays. Vous voyez, c'était une chose simple de faire que les pauvres Blancs travaillent pour des salaires de misère dans les années qui ont suivi la guerre. Si le pauvre travailleur blanc de la plantation ou de l'usine était mécontent de son salaire, le propriétaire de la plantation ou de l'usine menaçait simplement de le licencier et d'embaucher d'anciens esclaves noirs et de le payer encore moins. Ainsi, le niveau des salaires dans le Sud est resté presque insupportablement bas[20].

King poursuivit en suivant fidèlement l'analyse de Woodward : à la fin des années 1880, face à la menace représentée par la tentative de certains Blancs pauvres de s'allier avec les Noirs et de constituer ainsi un « front de classe » dans le cadre du Parti populiste, une nouvelle formation militant pour la réforme agraire, les élites choisirent de se rapprocher des classes populaires blanches en adoptant leur violence raciste et en éliminant politiquement les Noirs en les empêchant de voter.

King et la foule s'approchèrent ensuite du Capitole pour remettre au gouverneur Wallace une pétition. Ce dernier ne daigna pas se montrer. Après avoir attendu en vain, une secrétaire de Wallace finit par réceptionner la pétition. Parmi les manifestants se trouvait Viola Liuzzo, une jeune femme venue de Detroit. Issue d'une famille de Blancs pauvres du Sud partis s'installer dans le Michigan pendant la Seconde Guerre mondiale, Viola Liuzzo faisait partie, d'un point de vue sociologique, d'un monde ouvrier blanc stable qui tenait par-dessus tout à la ségrégation urbaine de Detroit. Elle n'était pas du tout destinée à partager la cause des Noirs, à rejoindre la NAACP comme elle le fit en 1964. Peut-être fut-ce dû à son amie Sarah Evans, une femme noire de Detroit qu'elle employa un temps et qui s'occupa de ses enfants après sa mort ? En tout cas, elle se jeta à corps perdu dans la bataille des droits civiques à Detroit. Il n'est pas surprenant qu'elle décidât de traverser le pays en voiture jusqu'à Selma après le *Bloody Sunday*, laissant sa famille derrière elle. Sa présence était d'autant plus bienvenue qu'elle avait une voiture.

Après avoir marché le premier et le dernier jour, écouté le discours de King, anonyme au milieu de la foule, Viola Liuzzo et un jeune militant africain-américain du nom de Leroy Moton raccompagnèrent quatre militants vers Selma, entassés sur la banquette arrière de l'Oldsmobile. Tous chantaient *We Shall Overcome* dans l'obscurité, pour se donner du courage. Ils déposèrent leurs passagers à Selma et, alors que Liuzzo devait prendre la route le lendemain pour Detroit, elle insista pour faire un nouvel aller-retour sur la route 80. De retour sur la route 80, Liuzzo et Moton furent repérés, sans doute lors d'une halte à une station-service. Peu après, à un feu rouge, une Ford bleue avec quatre hommes du Klan à l'intérieur pila à côté de l'Oldsmobile de Viola Liuzzo, pour les dévisager, elle et son passager. Moton se souvient qu'il y avait aussi une jeune femme qui leur tira la langue[21]. Vingt minutes plus tard, dans la nuit noire, deux coups de feu claquèrent, faisant exploser la vitre de la voiture. Viola Liuzzo, mortellement touchée de deux balles, s'affala sur le volant tandis que l'Oldsmobile finissait dans un fossé. Couvert de sang, Moton était évanoui lorsque les *Klansmen* s'approchèrent de la voiture, ce qui lui évita d'être achevé. Plus tard, hagard au bord de la route, il fut sauvé par d'autres militants qui rejoignaient Selma à bord d'un camion. Les funérailles de Viola Liuzzo eurent lieu à Detroit, en présence de King et d'autres personnalités. Les quatre membres du Klan furent rapidement arrêtés, car parmi eux il y avait Gary Rowe, un informateur du FBI qui dénonça ses comparses, mais qui n'avait pas empêché le meurtre. La position ambiguë du FBI explique sans doute pourquoi Hoover, son tout-puissant patron, par ailleurs persuadé que le mouvement pour les droits civiques était manipulé par les communistes, lança une campagne de rumeurs à propos de Liuzzo, dépeinte comme une consommatrice de drogue fricotant avec des Noirs après avoir abandonné ses cinq enfants à Detroit. Bref, une femme de mœurs suspectes ayant cherché les ennuis[22]. Quant à Moton, ne serait-ce pas lui qui aurait tiré sur Liuzzo ? De leur côté, les meurtriers, libres en attendant le procès en appel, signaient des autographes, étaient traités en héros par le Ku Klux Klan, qui organisa des meetings en leur honneur avec les habituelles croix enflammées, et des discours de ses « grands dragons » dénonçant le « dictateur » de la Maison-Blanche qui voulait mélanger les races, « comme si l'on pouvait mélanger une vache avec un cochon[23] ». L'un mourut d'une crise cardiaque, et les deux autres furent condamnés à des peines de prison symboliques. Pour autant, les partisans de la suprématie blanche dans le Sud perdaient du terrain, car le rapport de force ne leur était plus favorable – c'est bien pour cela qu'ils étaient particulièrement venimeux – et ils étaient sur le point de perdre la bataille politique. L'engagement de Johnson à propos d'une loi sur le droit de vote allait se matérialiser.

À Washington, le Congrès était largement dominé par les Démocrates depuis les élections de l'automne

1964. Dans les deux chambres, les Démocrates détenaient une majorité des deux tiers (68 sièges sur 100 au Sénat, et 295 sièges sur 435 à la Chambre des représentants), ce qui est historiquement très rare. Tout-puissant, le Parti démocrate avait cependant un problème politique majeur : il était divisé sur les droits civiques, puisqu'il comptait dans ses rangs un contingent important de Démocrates du Sud conservateurs, les *Dixiecrats*, partisans de la ségrégation. Dès lors, dans la perspective d'une loi sur le droit de vote, les élus républicains pouvaient être décisifs. C'est pourquoi le chef de la minorité républicaine au Sénat, Everett Dirksen, sénateur de l'Illinois, fut d'emblée étroitement associé au processus législatif. Conservateur sur les questions économiques, « faucon » à propos de la guerre du Vietnam, Dirksen était l'un des Républicains les plus en vue dans les années 1960, et un allié de poids de Johnson sur les droits civiques des Africains-Américains. Il avait apporté son soutien à la loi sur les droits civiques de 1964, ainsi qu'aux législations précédentes. Il fut donc enrôlé dès le printemps pour travailler avec Mike Mansfield, le chef de la majorité démocrate au Sénat, et l'*Attorney General* Nicholas Katzenbach. L'objectif général et premier de la loi consistait à éliminer une bonne fois pour toutes les dispositions empêchant l'exercice du droit de vote. En cela, elle s'inscrivait dans la lignée des 15e et 24e amendements, et des lois de 1957 et 1960. Mais, pour éviter d'être contournée une nouvelle fois par les politiciens sudistes, comme cela avait été le cas *ad nauseam* depuis la fin du XIXe siècle, cette loi construisit une architecture sophistiquée de clauses visant à protéger le droit de vote derrière un rempart juridique incontournable. Les législateurs savaient que proclamer un droit ne suffit pas si l'on n'accompagne pas le principe de moyens de vérification et de sanction.

La loi commence par énoncer des principes généraux : aucune limitation préalable au vote fondée sur la race ou la couleur n'est tolérée, manière de rappeler le 15e amendement à la Constitution ; toute espèce de limitation fondée sur des tests ou des dispositions est interdite. Si la loi s'en était tenue à ces principes, elle n'aurait fait que répéter les lois de 1957 et 1960, avec le même résultat.

Mais ce n'était pas tout. La loi comprenait aussi des clauses particulières, destinées à certains États, qui se trouvaient donc placés sous surveillance fédérale. Ces États (*covered juridictions*) n'avaient pas le droit de toucher à leurs procédures électorales sans autorisation expresse du ministère de la Justice ou d'un juge d'un tribunal fédéral de Washington, qui devaient s'assurer qu'elles n'étaient pas discriminatoires. Des observateurs mandatés par l'État fédéral devaient vérifier la validité des élections dans les États concernés, et des fonctionnaires fédéraux devaient inscrire les citoyens sur les listes électorales. Le Sud se trouvait ainsi placé sous surveillance fédérale, ce qui paraissait indispensable au vu de ce qui s'était passé à la fin du XIXe siècle, lorsque la région avait réussi à contourner les 14e et 15e amendements avec l'assentiment de la Cour suprême des États-Unis. Cette situation exceptionnelle et dérogatoire des États du Sud n'était pas mentionnée explicitement dans la loi, qui parlait en termes généraux des *covered juridictions*, pour ne pas froisser plus encore les élus concernés. Étaient ciblés les États qui, à la date du 1er novembre 1964, avaient un « test ou un dispositif », et ceux dont moins de 50 % des résidents adultes avaient voté à l'élection présidentielle de 1960. Une cour de justice fédérale pouvait également décider de soumettre un État à la surveillance fédérale. À l'inverse, il était possible d'en sortir s'il était prouvé que pendant les cinq années précédant la demande, l'État en question satisfaisait aux critères.

Au Congrès, l'opposition au projet de loi était bien organisée. Au premier plan, il y avait le puissant sénateur du Mississippi, James Eastland, président de la Commission des affaires juridiques du Sénat (Senate Judiciary Committee), qui devait examiner le projet en première instance. Issu d'une famille de grands planteurs de coton, persuadé que la race noire était inférieure, que la séparation raciale était une loi divine et naturelle, Eastland eut une carrière politique entièrement marquée par son engagement suprémaciste, qui lui valut le surnom bien mérité de « voix du Sud blanc ». Sachant qu'ils étaient minoritaires, le sénateur du Mississippi et ses collègues du Sud espéraient ralentir autant que possible la procédure, enterrer le projet en commission, bref faire de l'obstruction parlementaire, ce qui permettrait de négocier un compromis, et donc de sauver les meubles. Pour contrer les manœuvres de Eastland, Mansfield fit voter une motion stipulant que la Commission des affaires juridiques devait remettre son avis le 9 avril au plus tard. Or la Commission se divisa, de telle sorte qu'elle ne put présenter une recommandation à la date prévue. Le projet fut alors transféré vers l'ensemble du Sénat, où les sénateurs sudistes firent à nouveau entendre leur voix véhémente : ils ne voulaient pas entendre parler de la supervision fédérale des opérations électorales, qui leur paraissait être une mesure tyrannique excédant les pouvoirs attribués à l'État par la Constitution. La défense des prérogatives des États fédérés contre les tentations hégémoniques de l'État fédéral était déjà présente lors des débats sur l'esclavage et au moment où les États du Sud firent sécession. Sur l'aile gauche, Edward Kennedy proposa un amendement visant à interdire toute forme de *poll tax*, ce qui n'était pas prévu dans le projet de loi. Certes, le 24e amendement interdisait les *poll taxes*, mais seulement pour les élections fédérales, ce qui laissait toute possibilité de les maintenir pour les élections locales (conseils municipaux, shérifs, juges, etc.). L'amendement de Kennedy fut finalement rejeté, mais les sénateurs votèrent la possibilité pour le ministre de la Justice d'entamer des poursuites contre les autorités locales mettant en œuvre des *poll taxes*. Le 25 mai, le Sénat adopta le projet de loi, par une majorité si large (70-30) qu'elle interdisait les tentatives d'obstruction (*filibustering*). Il fut ensuite adopté par la Chambre des représentants, après un dernier débat à propos des *poll taxes*, au cours duquel il fut décidé que, après l'avis positif de Martin Luther King, la proposition de Kennedy serait validée.

Le 6 août 1965 à midi, en compagnie de sa fille cadette Luci, le président Johnson se présenta au Capitole pour signer le *Voting Rights Act*. Dans la grande rotonde, auprès d'une statue de Lincoln (et à proximité de laquelle se trouve aujourd'hui un buste de King), Johnson prononça un discours télévisé qui souligna l'importance historique du moment, puis il se déplaça dans la President's Room, pièce richement décorée de fresques italiennes, et s'assit derrière un bureau ancien qu'il utilisait quand il était sénateur du Texas. Johnson prit plusieurs stylos pour signer la loi, les distribuant ensuite aux personnes présentes autour de lui : le vice-président Humphrey, les élus du Congrès, et puis Martin Luther King et Rosa Parks, présente elle aussi, presque dix années après qu'elle ait refusé de se lever dans le fameux bus de Montgomery. Un stylo fut également donné à John Lewis, qu'il a conservé précieusement jusqu'à sa mort.

Un siècle après la guerre de Sécession, le *Voting Rights Act* mettait pratiquement en œuvre le 15e amendement de 1870. Il n'était pas révolutionnaire du point de vue des principes, mais il garantissait pragmatiquement l'application de la Constitution dans la vie réelle. Son esthétique juridique ne repose pas sur sa portée théorique, mais sur la construction méthodique de clauses de rétablissement et de protection du droit de vote. Les effets de la loi se firent sentir presque immédiatement. Il fallait inscrire 2,5 millions de personnes.

Comme la loi le prescrivait, quelques dizaines de fonctionnaires fédéraux furent dépêchés dans neuf comtés jugés emblématiques, situés dans le Mississippi, en Louisiane et en Alabama – dont le comté de Dallas. Sur place, les fonctionnaires pouvaient s'adjoindre des volontaires pour aller aussi vite que possible. Le 10 août 1965, une longue file de personnes serpentait devant le tribunal de Selma. Au premier jour d'inscription sur les listes électorales, les candidats étaient nombreux. Parvenus au bureau où le fonctionnaire fédéral était installé, les Africains-Américains n'avaient plus à répondre à une batterie de questions obscures et absurdes. Ils devaient simplement préciser leur identité, indiquer s'ils avaient été détenus ou internés dans une institution de santé mentale. Le fonctionnaire s'adressait à eux poliment. En quelques minutes, cela était fait, et les nouveaux électeurs repartaient fièrement avec en poche un certificat et un numéro. Le shérif Jim Clark, qui observait la scène sanglé dans son uniforme, en avait la nausée[24]. À Selma et ailleurs dans le Sud, les candidats étaient au moins quatre fois plus nombreux que prévu. Le succès retentissant de la loi obligea, dans l'immédiat, à accroître le personnel administratif pour les inscrire. Il y a toujours quelque chose de profondément émouvant, à Selma et partout ailleurs dans le monde, à voir la joie et la fierté de celles et ceux qui votent, ou s'apprêtent à voter, pour la première fois. En deux mois, 110 000 personnes furent inscrites. Nicholas Katzenbach, le ministre de la Justice, décida alors d'accroître très progressivement le nombre de comtés concernés, sans déclencher, dans l'immédiat, de réaction violente des autorités locales. Celles-ci se tournèrent vers les cours de justice, en misant sur des juges locaux qui entraveraient l'« invasion » des fonctionnaires fédéraux, qui rappelait aux suprémacistes les temps fâcheux qui suivirent la guerre de Sécession. Au vu de la multiplication des procédures judiciaires, en Caroline du Sud et ailleurs, la Cour suprême des États-Unis décida d'intervenir immédiatement, sans attendre l'issue des procédures d'appel – ce qui est très rare. Après avoir entendu les différentes parties, les juges de la Cour suprême, à une écrasante majorité (8 contre 1) rendirent leur verdict (décision *South Carolina v. Katzenbach*) le 7 mars 1966 : ils confirmaient de manière éclatante la constitutionalité du *Voting Rights Act*. Après la bataille législative, la bataille judiciaire semblait gagnée.

Le nombre d'Africains-Américains enregistrés sur les listes électorales des États du Sud s'accrut significativement en deux ans, sans pour autant rattraper le taux d'inscription de la population blanche, sauf en Virginie. Dans le Mississippi, là où la situation était la plus déplorable, 6,7 % des Africains-Américains étaient inscrits en 1965 ; 59,8 % en 1967.

Ce n'était pas tout d'inscrire les électeurs. Il fallait aussi s'assurer qu'ils puissent voter dans de bonnes conditions. En prévision d'élections locales devant se tenir dans l'Alabama, le ministère de la Justice ouvrit des bureaux à Birmingham, Montgomery et Selma avec pour mission de surveiller les opérations électorales. Les responsables locaux reçurent des courriers de mise en garde leur rappelant qu'ils étaient désormais sous surveillance fédérale. Le shérif Clark, qui se représentait, campait sur une ligne dure, tout au plus avait-il troqué son macaron « *Never !* » contre un « *For Law and Order* », mais tout le monde à Selma savait ce que cela signifiait.

D'un point de vue politique, comment les nouveaux électeurs allaient-ils s'organiser ? Impossible de rejoindre le Parti démocrate, dont le slogan dans l'Alabama était « *White Supremacy for the Right* ». Le gouverneur George Wallace, dont le mandat se terminait en 1966, ne pouvait pas se représenter, mais ce fut sa femme, Lurleen Wallace, qui se fit élire à sa place. Celle-ci mourut d'un cancer en mai 1968, au moment où son mari battait la campagne présidentielle sous les couleurs du parti indépendant. Deux ans plus tard, Wallace récupéra son siège de gouverneur de l'Alabama après avoir remporté les primaires du Parti démocrate, à l'issue d'une campagne d'une violence raciste qui atteignit des sommets. Une publicité apostrophait les électeurs : « Réveille-toi Alabama ! » en montrant une petite fille blanche entourée de garçonnets noirs : « Les Noirs ont juré de prendre le contrôle de l'Alabama ! » Bref, le Parti démocrate restait celui des suprémacistes blancs. Stokely Carmichael, qui avait remplacé John Lewis à la tête du SNCC en 1966, après avoir milité dans le comté de Lowndes, expliquait que rejoindre le Parti démocrate équivalait à demander à des Juifs d'adhérer au Parti nazi. Quant au Parti républicain, il s'orientait à droite avec Barry Goldwater, candidat à l'élection présidentielle de 1964, et plus tard Richard Nixon, élu en 1968.

Que faire, sinon créer un nouveau parti, par et pour les Noirs ? C'est ce à quoi les militants du SNCC s'employèrent dans le comté de Lowndes, avec la Lowndes County Freedom Organization (LCFO), qui visait à faire élire des candidats noirs dans le comté. Le symbole de ce parti était une panthère noire, par contraste avec le coq blanc qui symbolisait le Parti démocrate de l'Alabama. Ce fauve bondissant pouvait aisément prendre le dessus sur un coq arrogant, et il parlait à tous, y compris aux personnes illettrées, nombreuses dans la région. Quelques mois plus tard, la fondation du Black Panther Party par Bobby Seale et Huey Newton allait faire de la panthère noire le symbole mondialement connu du Black Power. En attendant, les militants de la LCFO firent un travail important de porte-à-porte, de distribution de brochures en bande dessinée, d'ateliers pour encourager les gens à s'inscrire et à voter pour le Black Power. La LCFO eut, dans l'immédiat, suffisamment de suffrages pour être reconnu comme parti politique, devenant ainsi le Lowndes County Freedom Party (LCFP), qui parvint, aux élections de 1971, à faire élire des candidats à différents postes dans le comté[25]. Les militants du comté de Dallas firent de même avec la création de la Dallas County Independent Free Voters Organization (DCIFVO) en mars 1966, plus radicale et active que la DCVL, disposée aux compromis.

Le 3 mai 1966, jour des élections, fut un grand moment, qui rappelait les premières élections des affranchis, un siècle plus tôt, auxquelles participèrent les ancêtres de celles et ceux qui votaient ce jour-là. De tout le comté, les électeurs affluaient pour voter, parfois au prix d'une longue marche, d'une longue attente ; la participation fut massive. Mais les électeurs africains-américains se divisèrent entre les candidats de la DCIFVO et ceux, blancs modérés, soutenus par la DCVL et par la SCLC de King – ces derniers l'emportant nettement. Pour le poste de shérif, le candidat blanc modéré, Wilson Baker, qui avait l'appui de la SCLC, l'emporta de peu sur Jim Clark. Les électeurs noirs avaient fait la différence, en votant « utile » plutôt que pour le candidat de la DCIFVO. Le lendemain, Clark porta l'affaire en justice, espérant faire annuler l'élection, mais en vain. Sa carrière de chef de la police et d'une bande de *Klansmen* du comté de Dallas s'acheva ainsi, après dix années de terreur. Il se lança par la suite dans des affaires frauduleuses qui lui valurent un séjour en prison. Dans le reste de l'Alabama, seuls cinq candidats noirs furent élus, à des postes mineurs, à l'exception du comté de Macon, où un shérif africain-américain prit les commandes de la police locale, du jamais-vu depuis un siècle.

Comme le démontrait l'élection du shérif Baker, le vote noir comptait désormais. Aussi les élites blanches modernisatrices le prenaient-il en considération, accédaient à certaines demandes tout en maintenant leur pouvoir. À Selma, le maire Joe Smitherman, représentatif d'un groupe d'élites locales un peu moins brutales que celui qui était aux commandes dans un passé récent, organisa des réunions régulières avec la DCVL. Mais la situation n'avait pas radicalement changé pour les Noirs : comment faire pour accéder à des postes de travail mieux rémunérés, pour améliorer la situation de East Selma, le quartier noir misérable de la bourgade ? Sur ces questions majoritairement socio-économiques, relatives à la grande pauvreté de la population noire de la *Black Belt*, rien n'avait bougé. En outre, une partie de la population noire reprochait son autoritarisme à la DCVL, désormais dirigée par F. D. Reese, et souhaitait s'organiser par elle-même, suivant les recommandations du SNCC, qui était resté sur place avec la SCLC. Le programme de la « guerre contre la pauvreté » lancé par Johnson comprenait un volet sur la pauvreté rurale, taillé sur mesure pour la *Black Belt*. De fait, à partir de 1965, l'argent fédéral permit au comté de Dallas de refaire ses routes, son éclairage public, ses équipements collectifs, et fit baisser le taux de pauvreté chez les Noirs de 84 % à 60 % entre 1960 et 1970, tout en masquant l'absence de changements structurels[26].

Tout n'était pas réglé non plus du côté de l'inscription des nouveaux électeurs. Le fossé entre citoyens blancs et noirs demeurait, même s'il s'était amenuisé. Entre 50 et 60 % des adultes africains-américains étaient inscrits, contre 80 % et plus pour les adultes blancs (sauf en Virginie). James Meredith prit donc l'initiative d'une nouvelle marche, en juin 1966, de Memphis (Tennessee) à Jackson (Mississippi), qu'il baptisa *March against Fear*, la Marche contre la peur. L'initiative ne pouvait pas passer inaperçue. Meredith avait candidaté deux fois en 1961 à l'université du Mississippi, bastion universitaire blanc qui méprisait ouvertement la décision *Brown* de la Cour suprême à propos de la déségrégation des écoles publiques. Sa candidature rejetée, il porta plainte avec l'appui de la NAACP et l'université dut l'admettre à contrecœur, mais les étudiants blancs se mobilisèrent si violemment que le ministre de la Justice Robert Kennedy dut envoyer l'armée pour protéger Meredith et faire respecter la loi. Le 1er octobre 1962, Meredith entra à l'université du Mississippi, où il endura l'ostracisme et les malveillances des autres étudiants. Quatre ans plus tard, il commença seul son périple, à travers le Tennessee puis il entra dans le Mississippi, en chemisette et casque colonial sur la tête. Pour les militants des droits civiques, le Mississippi était pire encore que l'Alabama, il était l'État de la violence. C'était là que Emmett Till avait été lynché, Medgar Evers, James Chaney, Andrew Goodman et Michael Schwerner assassinés. Le pari de Meredith était presque suicidaire, et il ne pouvait guère compter sur la police censée le protéger. Au deuxième jour de sa marche, un homme tira sur lui à la chevrotine. Meredith, blessé, s'effondra au bord de la route. Pendant son hospitalisation, qui réactiva l'émotion et le souvenir des crimes précédents, les principales organisations des droits civiques (SCLC, SNCC, CORE) se mobilisèrent, avec leurs militants qui se relayaient le long de la route, tandis que des milliers d'autres les rejoignaient et grossissaient le cortège de jour en jour, essuyant insultes et menaces au passage. Martin Luther King et Stokely Carmichael tinrent une conférence de presse commune et marchèrent ensemble à plusieurs reprises. Le 16 juin, lors d'une étape à Greenwood, après qu'il fut brièvement arrêté par la police locale, Carmichael s'adressa à la foule : « C'est la vingt-septième fois que je suis arrêté, et je ne vais plus aller en prison ! La seule manière d'empêcher les Blancs de nous fouetter, c'est de prendre le pouvoir. Ce qu'il faut maintenant, c'est le Black Power ! » Carmichael venait de lancer le terme mobilisateur « Black Power », dont le succès fut immédiat, car il allait plus loin que les appels à l'égalité des droits de King. Il était question de s'organiser pour conquérir le pouvoir dans une logique de confrontation avec des autorités blanches qui ne laissaient de toute manière que des miettes aux Noirs. Pour cela, Carmichael estimait que les Noirs devaient s'unir, renforcer leur estime propre par la connaissance de leur histoire et de leurs cultures. Cette position le rapprochait du Black Panther Party, qu'il rejoignit officiellement début 1968. Par conséquent, aussi bien la panthère noire bondissante que le concept du Black Power, nés au fin fond de l'Alabama et du Mississippi, avaient pour géniteur la question du droit au vote. Comme lors de la dernière étape de la marche de Selma à Montgomery, les marcheurs firent halte dans une université noire à proximité de Jackson, où des personnalités comme James Brown et Marlon Brando leur apportèrent leur soutien, avant d'entrer dans la capitale du Mississippi le lendemain. Cette longue marche encouragea quatre mille personnes à s'inscrire et donna du courage à beaucoup d'autres. Aux yeux des militants, des agents fédéraux devaient être envoyés dans les six cents comtés du Sud au lieu d'une quarantaine. De fait, la résistance des autorités locales aux changements induits par le *Voting Rights Act* se manifesta très rapidement. Puisqu'on ne pouvait plus empêcher les Noirs de voter, il fallait désormais circonscrire les effets de leur vote. Dans le Mississippi, toujours en pointe sur la question, la stratégie consista en charcutage électoral : fusionner des comtés à majorité noire avec d'autres, plus importants, à majorité blanche, pour que les candidats africains-américains fussent battus. Dans onze comtés du Mississippi, les responsables des écoles (*school superintendants*) furent nommés plutôt qu'élus. En vertu de la clause 5 du *Voting Rights Act*, toute modification devait en principe être approuvée par le ministère de la Justice, mais les élus du Mississippi arguèrent que la loi ne concernait que la procédure de vote, et non le découpage électoral ou bien la nomination des *school superintendants*. L'affaire alla devant la Cour suprême, qui confirma en 1969 que la clause 5 concernait toutes les modifications ayant des effets sur les élections (*Allen v. State Board of Elections*).

À la fin des années 1960, le *Voting Rights Act* et les décisions de la Cour suprême qui l'appuyaient représentaient un bilan législatif et juridique impressionnant, d'une ampleur comparable à ce qui s'était fait au lendemain de la guerre de Sécession : il s'agissait bien d'une « seconde Reconstruction ». Le vote était un puissant symbole, mais pas une fin en soi : avec lui, des changements économiques et sociaux profonds étaient attendus, permettant à la population noire d'accéder enfin à une éducation décente, à des emplois convenablement rémunérés, à des services sanitaires de meilleur niveau, à un traitement digne de la part des autorités et des forces de l'ordre. Le vote était censé changer leur vie.

Tous les Noirs américains ne partageaient pas ce point de vue relativement optimiste sur les capacités transformatrices du droit de vote. Malcom X, en particulier, s'éleva contre cette idée dans un discours, « The Ballot or the Bullet » (« Le bulletin ou le fusil ») qu'il prononça dans une église de Cleveland le 3 avril 1964. Graduellement marginalisé au sein de Nation of Islam, Malcom X venait d'en démissionner, le 8 mars 1964, en souhaitant se rapprocher du mouvement pour les droits civiques, avec des vues plus inclusives et une critique du nationalisme noir séparatiste : « Il est temps que nous mettions nos divergences en veilleuse », commence-t-il par dire. L'élection présidentielle en vue lui fournit l'occasion de développer son point de vue sur la question du vote. Après avoir fustigé les « faisans blancs » de retour dans les quartiers noirs avec leurs « promesses fallacieuses » et leurs « discours sucrés » qui ne feront ensuite que décevoir les Noirs, Malcom X rejette toute affiliation politique et explique qu'il n'est pas américain, contrairement au « Polonais » ou au « Hongrois » qui, à peine débarqués, sont déjà américains. Puisque lui et 22 millions de Noirs ne sont pas considérés comme américains, la démocratie n'est qu'une hypocrisie. Il critique ensuite les Démocrates au pouvoir, eux qui n'ont rien fait et bénéficient des voix des Noirs : « Ces libéraux ont laissé tomber les Noirs. » On s'attend alors à ce qu'il n'appelle pas à voter à l'élection présidentielle de 1964, mais il s'en garde. Malcom X plaide dès lors, dans la lignée de Du Bois, pour une utilisation judicieuse du bulletin de vote, afin de peser de manière décisive lorsque l'électorat blanc est divisé : « Un bulletin, c'est comme un fusil. Vous ne votez pas tant que vous n'avez pas repéré la cible, et si la cible n'est pas atteignable, gardez le bulletin dans votre poche. » Malcom X n'était donc pas opposé au vote, mais il en avait une vision stratégique, sans illusion sur les politiciens blancs, quels qu'ils fussent. À l'auditoire d'en tirer une conclusion pour les élections à venir ; Malcom X faisait réfléchir sans donner de consigne. Même si les Africains-Américains vivant dans le Nord se mobilisèrent fortement en faveur de Lyndon B. Johnson lors de l'élection présidentielle de 1964 – ne serait-ce que pour écarter Barry Goldwater, campant sur l'aile droite du Parti républicain et signant dès lors le divorce définitif entre le GOP et eux –, il est probable qu'une abstention politique se manifesta aussi, en prenant au mot le discours de Malcom X, quoiqu'elle soit difficile à estimer.

De fait, pour les Africains-Américains, les élections locales de l'automne 1966 douchèrent les espoirs nés des mobilisations et de la loi de 1965. Les électeurs blancs les plus attachés à la ségrégation se mobilisèrent, de telle sorte qu'en Géorgie, Lester Maddox fut élu gouverneur, lui qui était connu pour posséder des armes dans son restaurant d'Atlanta afin d'empêcher les Noirs d'y entrer.

À partir des élections de 1972, le conseil municipal de Selma fit place à cinq conseillers africains-américains, qui s'efforcèrent d'obtenir ce qu'ils pouvaient, mais à la marge de l'ordre existant. En 2000, James Perkins, le premier maire africain-américain de Selma fut élu, et un autre après lui, sans que les questions lancinantes de pauvreté, d'éducation publique au rabais, d'emplois rares, fussent résolues dans la *Black Belt*, qui demeure à l'écart de la croissance du Sud profond. À Selma comme dans beaucoup d'autres localités, la présence d'un maire noir, même si elle n'est jamais anodine, n'est pas un indicateur nécessairement pertinent de l'efficacité des politiques de correction des inégalités et des moyens qui lui sont associés.

Chaque année au mois de mars, les habitants noirs de Selma convergent vers le pont Edmund-Pettus, en commémoration du *Bloody Sunday*. Il arrive parfois, comme en 2015 avec le cinquantenaire, que la cérémonie prenne une ampleur particulière. Barack Obama, entouré par Amelia Boynton et John Lewis, traversa le pont et s'adressa à la foule. Mais, comme chaque année, la plupart des habitants blancs de Selma restèrent cloîtrés chez eux ce jour-là.

Les reculs contemporains

Par une décision de juin 2013, la Cour suprême statua que les dispositions particulières qui s'imposaient à quinze États depuis 1965 étaient désormais levées. Comme nous l'avons vu, le *Voting Rights Act* ne se contentait pas de rétablir le droit de vote. Il ajoutait une clause stipulant que les États concernés se trouvaient placés sous surveillance par l'État fédéral, en ayant interdiction de toucher aux procédures de vote sans l'autorisation préalable du ministère de la Justice et d'une cour d'appel de Washington. À l'époque, l'État fédéral se méfiait des manœuvres des politiciens racistes du Sud, qui n'avaient jamais manqué d'imagination pour priver les Africains-Américains de leurs droits. Mais en 2013, estima la Cour suprême, la vie avait tellement changé dans le Sud que les précautions prises en 1965 n'étaient plus nécessaires et qu'elles étaient même humiliantes pour les États concernés. Par conséquent, tous les États ont désormais les mains libres pour organiser les scrutins et les procédures de vote[27].

Le droit de vote n'est pas qu'une question de principe ; c'est aussi une réalité matérielle qui le rend possible : est-il aisé de s'inscrire sur les listes électorales ? Quels papiers faut-il pour voter ? Où sont situés les bureaux de vote ? Si ces questions sont négligées, alors le droit de vote n'est plus qu'une coquille vide, et la démocratie n'est plus qu'une façade lézardée.

Les Républicains, dans les États où ils sont majoritaires, en ont profité pour multiplier les obstacles à l'inscription sur les listes électorales, officiellement pour « lutter contre la fraude », un argument classique depuis le XIXe siècle. En réalité, il s'agit surtout de limiter la participation électorale des minorités, qui penchent largement du côté démocrate. C'est ainsi que près de mille bureaux de vote ont fermé dans le pays depuis 2013, la majorité d'entre eux dans des comtés à forte population africaine-américaine. Les électeurs doivent faire une dizaine de kilomètres et attendre plusieurs heures avant d'accéder aux urnes, ce qui les décourage d'autant plus que le jour du scrutin étant toujours un mardi, il est parfois compliqué de s'absenter de son lieu de travail, même si l'employeur a obligation d'accorder un bref congé pour aller voter. En Caroline du Sud, en Arkansas, en Alabama, au Texas et ailleurs, les autorités réclament une pièce d'identité avec photo pour pouvoir voter, ce qui exclut les plus pauvres et les plus âgés qui n'ont ni passeport ni permis de conduire. On raye des listes électorales à tour de bras sous n'importe quel prétexte : une adresse inexacte, une homonymie. La possibilité de voter par correspondance est limitée. Il faut ajouter au tableau la privation des droits civiques pour les anciens détenus dans certains États (ainsi que dans tout le pays pour les détenus), et le découpage des circonscriptions conçu pour diluer le vote des minorités et réduire le poids des grandes villes (*gerrymandering*). Le résultat ? Une grande purge de millions d'électeurs, principalement noirs, mais aussi hispaniques et amérindiens. La conséquence politique est également claire : l'élection présidentielle de 2016 s'étant jouée à quelques dizaines de milliers d'électeurs dans un petit nombre d'États, la privation du droit de vote a eu un effet, possiblement décisif, sur le résultat final. En réduisant au maximum le corps électoral avec l'approbation de la Cour suprême, les Républicains espéraient à nouveau l'emporter en novembre 2020. Quoi qu'il arrive, l'histoire du droit de vote aux États-Unis indique que celui-ci n'est jamais un acquis définitif. Pour qu'il demeure vivant, il doit faire l'objet d'un militantisme démocratique et d'évaluations régulières de ses conditions d'accès. À Philadelphie auprès de la cloche fêlée de la liberté ; à Seneca Falls au Parc national des droits des femmes ; à Selma où un musée commémore le *Bloody Sunday* de 1965, les visiteurs pensifs mesurent aujourd'hui la somme des luttes accumulées, et à venir, pour pouvoir voter.

XIII

Obama
L'homme de Chicago

Barack Obama est le premier président américain dont la carrière politique s'est construite à Chicago. Il n'en est pas natif et n'avait aucun lien particulier avec cette ville avant son installation, à l'été 1985, comme organisateur communautaire dans les quartiers sud de la « ville aux larges épaules » – c'est Marty Kaufman, responsable associatif, qui l'avait recruté. Il en partit en 1988 pour étudier trois années à Harvard puis y revint en 1992, où il enseigna le droit constitutionnel à l'université de Chicago, pendant douze ans. Il rencontra alors sa future femme, Michelle Robinson, originaire du South Side, diplômée de Princeton, qui joua un rôle important dans son enracinement politique local. Parallèlement, Barack Obama travailla avec plusieurs fondations charitables, en particulier la Woods Fund et Joyce Foundation, et se fit élire sénateur de l'État d'Illinois en 1996. Il représentait alors le 13e district, qui couvre une partie du South Side.

Car c'est bien dans ce quartier historiquement noir que Barack Obama choisit de s'implanter, comme militant associatif puis comme élu politique. Barack Obama s'inscrit donc dans l'histoire de la vie politique noire de Chicago, dans la lignée de Oscar DePriest, William Dawson et Harold Washington. Si son premier séjour à Chicago relevait en partie du hasard, par la suite, c'est à Chicago et nulle part ailleurs que Barack Obama décida de revenir, de travailler, de se marier et de vivre : Chicago s'imposa à lui autant que lui s'imposa à Chicago.

Pour construire sa carrière politique, il fallut que Barack Obama adoptât certaines des manières politiques brutales de la ville. Afin de se faire élire sénateur d'État en 1996, par exemple, il fit invalider la candidature à l'investiture démocrate des autres candidats, dont Alice Palmer, sénatrice sortante, pour vice de forme. Il lui fallut aussi nouer des liens avec des personnages peu recommandables, comme l'homme d'affaires influent Tony Rezko, un proche du gouverneur de l'Illinois, Rod Blagojevich, inculpé pour faits de corruption. Contrairement à ce que craignait Michelle Obama dans les premiers temps de leur rencontre, Barack Obama n'a jamais été « un doux rêveur[1] ». Nul ne doute qu'il soit personnellement intègre, mais il dut habilement manœuvrer dans les eaux troubles de la vie politique locale pour sortir indemne d'un système corrompu tout en réussissant ses élections et ses mandats. L'exploit n'est pas mince.

Barack Obama diffère nettement du personnel politique local sur plusieurs points. D'abord parce qu'il échappa à la logique communautaire de la machine démocrate. Bien qu'élu d'un quartier noir, il chercha constamment, par contraste avec d'autres élus afro-américains généralement repliés sur leur fief électoral, à construire des coalitions d'intérêts avec des élus blancs et latinos. Après une première tentative en 1999 pour un poste de représentant au Congrès fédéral, il parvint à se faire élire sénateur des États-Unis en novembre 2004, en rassemblant la majorité des suffrages, y compris dans des régions de l'Illinois où la population noire est pratiquement inexistante. Le South Side n'était qu'un point de départ, un tremplin vers des projets autrement plus ambitieux.

Ensuite, parce que Barack Obama ne brigua pas la mairie de Chicago : il chercha rapidement un mandat national. Le maire Richard M. Daley, qui avait pu concevoir quelques inquiétudes à la vue des débuts politiques prometteurs de Barack Obama, comprit vite que son siège n'était pas menacé. Il fut même, dès février 2007, l'un de ses premiers soutiens à la candidature présidentielle d'Obama.

Au fond, l'originalité de l'homme politique Barack Obama est qu'il est bien de Chicago, mais qu'il n'y a pas passé sa vie entière : il vient d'ailleurs – et quel ailleurs : Hawaï, l'Indonésie, la Californie, New York. Barack Obama a regardé sa ville avec les yeux d'un *outsider*, et on l'a regardé comme tel. Dans son autobiographie, il raconte que lorsqu'il annonça à l'un de ses amis son départ pour Harvard, celui-ci lui lança, en des termes qu'il aurait pu répéter au soir du 4 novembre 2008 :

« Je le savais !

– Quoi ?

– Que c'était une simple question de temps, Barack. Avant que tu te barres d'ici.

– Qu'est-ce qui te fait croire ça ?

Johnnie avait secoué la tête en riant.

– Putain, Barack ! C'est parce que t'as le choix, voilà pourquoi ! Parce que tu peux partir ! [...] J'espère que tu te souviendras de tes potes quand tu seras dans ton beau bureau en ville[2] ! »

XIV

Black Lives Matter

Les morts à répétition de jeunes Noirs abattus par la police, alors qu'ils n'étaient aucunement menaçants, ont suscité depuis 2013 une réaction d'une vigueur qui a surpris une bonne partie du monde politique et des observateurs de la société américaine contemporaine. Pourtant, le mouvement Black Lives Matter s'inscrit dans une longue histoire, celle des protestations organisées contre les violences policières, qui sont au cœur du militantisme noir américain depuis un siècle. Au début des années 1920, la NAACP (National Association for the Advancement of Colored People, la principale organisation de défense des droits des Noirs) dénonçait la collusion entre certains services de police et de justice et des organisations suprémacistes blanches comme le Ku Klux Klan (KKK), alors tout puissant dans le Sud profond. Des chefs du KKK portaient une étoile de shérif le jour et une cagoule blanche la nuit. Dans les grandes villes du Nord, ce sont les policiers, presque tous blancs jusqu'aux années 1960, qui étaient accusés de violences, comme à Chicago en 1919, lorsqu'ils participaient aux bastonnades dans le quartier noir.

Pendant le mouvement pour les droits civiques, Martin Luther King n'hésitait pas à dénoncer les policiers violents et racistes. Dans son plus célèbre discours, *I Have a Dream*, il dénonçait : « Nous ne pouvons être satisfaits tant que le Noir est la victime des horreurs indicibles des brutalités policières. » Mais il avertissait : « Le merveilleux militantisme nouveau qui a saisi la communauté noire ne doit pas nous mener à nous méfier de tous les Blancs, car beaucoup de nos frères blancs, comme leur présence le montre ici, ont compris que leur destin est lié au nôtre. » Après les émeutes de 1967, presque toujours causées par une altercation entre jeunes Noirs et la police, une commission fédérale recommanda, entre autres, l'embauche de policiers afro-américains pour changer la culture raciste de la police américaine. L'idée était bonne, mais insuffisante. À Baltimore, trois des six policiers mis en cause pour la mort de Freddy Gray en avril 2015 étaient noirs.

En 1966, la fondation du Black Panther Party fut motivée par les agissements de la police, qu'il fallait affronter physiquement au moyen de patrouilles de militants armés dans les quartiers noirs. Même si le parti des Black Panther n'attira qu'une fraction réduite du monde noir, ses militants étaient souvent bien vus dans les ghettos, exaspérés par l'arrogance d'une police brutale et parfois corrompue.

À ces violences politiques, il faut ajouter les relations ordinaires entre Noirs et policiers. Le ministère de la Justice a révélé que, bien avant la mort de Michael Brown, la police de Ferguson harcelait la population noire par des contraventions répétées, que 93 % des arrestations, 90 % des procès-verbaux et 85 % des véhicules contrôlés concernaient des Africains-Américains dans une ville qui en compte 67 %. Ceux-ci sont pris dans un cercle infernal d'arrestations pour des peccadilles, d'amendes non payées et majorées à l'absurde pour renflouer les caisses de la municipalité, de permis de conduire annulés, menant parfois à des licenciements et des expulsions. Comment une population soumise à un tel traitement ne se révolterait-elle pas, quand, pour faire bonne mesure, un policier exécute froidement un jeune homme dont le seul tort est d'être noir ? Pourquoi une vie noire serait-elle moins précieuse ? Des enquêtes du journal britannique *The Guardian* ont révélé que la police de Chicago a fait fonctionner entre 2004 et 2015 un centre de détention secret où des milliers de personnes – 82 % noires et 12 % hispaniques – ont été emprisonnées et soumises à des tabassages, des viols et même tuées pour quelques-unes d'entre elles. Disons-le simplement : les départements de police de Ferguson, de Chicago et tant d'autres avec eux sont infectés en profondeur par un racisme structurel qui pourrit la vie des Américains noirs depuis des décennies. Des efforts sérieux ont été consentis ici et là, y compris à Dallas, mais on est encore très loin du compte.

Face à cette situation, le gouvernement fédéral est démuni : certes, le ministère de la justice peut engager des poursuites pour violation des droits civiques, mais les cours de justice donnent toute latitude aux policiers pour décider d'user de leurs armes s'ils estiment que leur vie est en danger. Dès lors, comme dans les années 1950, seule une voix collective populaire et puissante est susceptible de faire évoluer les choses. Black Lives Matter incarne l'émergence d'un nouveau mouvement pour les droits civiques, plus divers, moins religieux et patriarcal que son devancier.

Depuis mai 2020, on peut parler d'une « génération George Floyd » comme il y eut une « génération Emmett Till ». En 1955, cet adolescent noir de Chicago en vacances dans le Mississippi fut torturé et tué pour avoir regardé une femme blanche. Lors de ses obsèques, à Chicago, sa mère demanda que le cercueil restât ouvert, exposant son visage défiguré, afin, dit-elle, que le monde vît « ce qu'ils ont fait à mon fils ». L'assassinat d'Emmett Till fut un moment décisif de la mobilisation des droits civiques. Il en est allé de même avec Floyd. Les historiens doivent reconnaître avec humilité le surgissement du neuf, qui bouleverse l'ordre établi. On pourra trouver beaucoup d'explications, en particulier le « moment covid », et le fait que l'agonie de Floyd ait été filmée pendant huit minutes atroces. Et puis Trump à la Maison-Blanche a jeté de l'huile sur le feu. Mais le murmure insistant de protestation qui se faisait entendre depuis tant d'années est devenu un cri strident qui a retenti dans le monde entier, ce qui n'est pas entièrement réductible au « contexte » ou à la vidéo. Il est trop tôt pour savoir si un point de bascule a été atteint : c'est avec le recul de l'histoire que l'on mesure l'ampleur des changements. En tout cas, une volonté puissante de changement s'est fait sentir, ce qui est déjà un événement extraordinaire.

Le grand mouvement de protestation qui a investi plusieurs centaines de villes américaines pose la question de sa géographie sociale et politique.

La première lecture concerne l'âge des manifestants. Une caractéristique centrale du mouvement est qu'il est animé par des jeunes gens (adolescents et jeunes adultes). C'est l'Amérique jeune qui descend dans la rue, comme dans les années 1960, comme en 2014 à Ferguson (Missouri), et dans des dizaines d'autres villes après le meurtre de Michael Brown. D'une manière qui rappelle Birmingham au printemps 1963, l'initiative de manifester peut parfois provenir de lycéens qui entraînent avec eux une partie de la population locale. Certains des lycéens les plus investis sont ceux qui organisaient, l'année dernière, des manifestations en faveur du climat, comme dans plusieurs petites villes du Vermont. Greta Thunberg les a mobilisés ; George Floyd aussi. La socialisation politique de la jeunesse autour de l'environnement a sans doute préparé l'effervescence actuelle. En outre, avec la fermeture des lycées, l'emploi du temps de ces jeunes gens est plus dégagé que d'habitude.

De manière classique, un grand nombre d'étudiantes et d'étudiants participent aussi au mouvement : Minneapolis est une ville universitaire importante, de même que la plupart des grands centres urbains, mais aussi des villes moyennes comme Charlottesville (Virginie), Bloomington (Indiana), Austin (Texas) ou Gainesville (Floride). Deux jeunes de 19 ans, l'un étudiant à UCLA, l'autre à Howard University (université noire de Washington), sont à l'origine de la manifestation d'Oakland (Californie), qui a rassemblé 15 000 personnes, du jamais-vu depuis les années 1960. À l'échelle du pays, la carte des manifestations actuelles et celle des universités (grandes universités et *liberal art colleges*) sont similaires. Cela ne signifie pas que tous les manifestants soient jeunes, loin de là, mais que les villes universitaires ont des pratiques manifestantes anciennes à propos des droits des minorités, des femmes, des migrants, etc., qui se prolongent assez naturellement aujourd'hui, y compris lorsque la population africaine-américaine est très réduite, comme à Seattle ou à Burlington (Vermont).

À cette lecture générationnelle, il faut ajouter une deuxième lecture, voisine de la première, mais directement politique celle-ci : c'est l'Amérique opposée à Trump qui est dans la rue, qui se trouve être celle des grandes métropoles et des villes universitaires moyennes qui ont voté massivement pour Hillary

Clinton en novembre 2016. Trump n'a rassemblé que 12,5 % des voix à Chicago, 20 % à New York, 22 % à Los Angeles, 28 % à Minneapolis. Il y a clairement, chez les manifestants, la volonté de s'opposer à un président honni : Trump est un facteur de mobilisation d'une force inépuisable ; il est à lui seul une des raisons de la colère. Claquemuré dans la Maison-Blanche, incapable de s'adresser au pays, le président entend au loin les clameurs de celles et ceux qui n'en peuvent plus de ses tweets enragés. Bien entendu, il ne faut pas oublier qu'une autre partie de la société américaine, du côté républicain conservateur, considère les événements avec réprobation et aspire à « la loi et l'ordre », comme dit Trump en reprenant le vieux slogan de Nixon. Les manifestants d'extrême droite armés qui défiaient la gouverneure à Lansing (Michigan) en dénonçant le confinement n'ont pas disparu, mais ils sont désormais inaudibles. Le rapport de force a changé, au moins momentanément. C'est la gauche américaine qui tient le haut du pavé.

Une troisième lecture, historique, consiste à comparer la carte du mouvement actuel à celle des grandes émeutes raciales des années 1960. Aujourd'hui comme hier, il s'agit de protester contre les injustices raciales, particulièrement les violences policières. On retrouve ici les grandes villes du militantisme noir : Chicago, Detroit, Newark (New Jersey), Los Angeles, Oakland (ville d'origine des Black Panthers), et aussi des villes du Sud profond, hauts lieux des droits civiques, comme Jackson (Mississippi), Birmingham ou Montgomery (Alabama). Dans cette dernière ville, la foule s'est rassemblée à proximité du Capitole et de l'église Dexter, l'église de Martin Luther King à la fin des années 1950. Chaque participant avait certainement en tête le boycott des bus de cette ville en 1956 et le courage tranquille de Rosa Parks, ou bien encore la marche de Selma à Montgomery en mars 1965. Le monde africain-américain est très conscient et fier de son histoire, une histoire de malheurs mais aussi de résistance, racontée par les historiens mais aussi et surtout par la culture populaire, y compris dans les chansons de Beyoncé. De telle sorte que la plupart des manifestants africains-américains ont le sentiment de faire partie d'une histoire qui leur commande d'être à la hauteur. Et cela est émouvant. Bernice King, fille cadette de Martin Luther King, a déclaré il y a quelques jours que son père et sa mère seraient fiers de ce qui se passe aujourd'hui. Cette carte historique recoupe pour bonne part celle des villes dont la population africaine-américaine est majoritaire (Detroit, Baltimore, Memphis, Flint, Savannah, Birmingham, Montgomery) ou bien celles qui ont, en valeur absolue, la population noire la plus importante : New York, Chicago, Philadelphie, Houston (ville natale de George Floyd), Los Angeles, Washington, Dallas. Cette mémoire noire a aussi été cultivée, ces dernières années, par le mouvement Black Lives Matter, dont il faut souligner les patientes activités pédagogiques et d'information menées par ses sections locales les plus actives (les villes déjà mentionnées, mais aussi Denver, Long Beach, South Bend, Nashville). À Richmond, ancienne capitale du Sud confédéré, le maire et le gouverneur ont annoncé l'enlèvement des statues des généraux esclavagistes, sous pression d'une foule réclamant leur mise à bas. Un peu partout, des foules chantent la fameuse *protest song We Shall Overcome*, tout comme les militants des années 1960 le faisaient dans les bus, dans les prisons, et à pied sur les grandes routes brûlantes du Sud.

En revanche, à l'échelle des villes elles-mêmes, la situation est différente : les émeutes des « étés chauds et longs » des années 1960 (Harlem en 1964, Watts à Los Angeles en 1965, et les dizaines d'émeutes de 1967 et 1968), qui firent plus de deux cents morts au total, se situaient toujours dans les ghettos noirs eux-mêmes, de même que l'émeute de Los Angeles en 1991. Presque toujours déclenchée par une altercation entre policiers et jeunes Noirs, dans un contexte très tendu où la police se comportait avec eux de manière arrogante et raciste, l'émeute commençait par une arrestation brutale. S'ensuivait un attroupement, des jets de projectiles, des policiers qui appelaient des renforts et une situation qui s'envenimait en quelques heures. La police et la garde nationale tiraient à balles réelles sur les émeutiers, sans sommation. À Watts, il y eut trente-quatre morts et plus de mille blessés, à Detroit, quarante-trois morts, à Los Angeles en 1992, au moins cinquante morts. À Detroit, les traces de l'émeute sont encore visibles aujourd'hui, comme une cicatrice jamais refermée.

Par contraste, les manifestations actuelles ont lieu dans les centres-villes, souvent dans des quartiers huppés vers lesquels les gens convergent. À Philadelphie, les manifestants se sont regroupés autour de Rittenhouse Square, un endroit chic qui n'a rien à voir avec les quartiers noirs pauvres du nord et de l'ouest de la ville. À Chicago, ville très ségréguée, les manifestations ont lieu sur Michigan Avenue, le « Magnificent Mile » bordé de boutiques de luxe, à proximité de la tour Trump, très loin du *South Side* et du *West Side* où la population noire est concentrée. Dans les années 1960, les manifestants noirs n'avaient pas la possibilité de sortir des ghettos, bouclés par la police pendant l'émeute, contrairement à aujourd'hui, d'autant plus que les modes de consommation et de loisirs actuels rendent les centres-villes plus accessibles et plus familiers. Cela peut attirer au passage les inévitables casseurs et pilleurs, mais la grande majorité des manifestations se passent sans heurts notables. Le bilan humain n'a, pour l'instant tout au moins, rien à voir avec les années 1960. Quoique très brutales le plus souvent, les forces de l'ordre ne tirent plus à vue sur les manifestants d'aujourd'hui, même lors des séquences émeutières. Des consignes trop agressives pourraient se traduire par la défection d'une partie des forces de l'ordre, d'autant que quelques policiers ont posé le genou à terre en solidarité avec les manifestants. Chose inouïe, les chefs militaires et le ministre de la Défense ont pris leurs distances avec le président en indiquant que le pays n'était pas un « champ de bataille ». Trump est prévenu qu'il y a une ligne à ne pas franchir.

La remarquable diversité des foules manifestantes suggère finalement la possible émergence d'une nouvelle coalition entre Noirs et Blancs libéraux, un gros demi-siècle après celle des droits civiques qui s'effilocha à la fin des années 1960 au moment de l'élection de Nixon. Par coalition, on ne veut pas simplement dire une mise en commun des forces électorales, mais l'élaboration d'un programme politique qui accorderait une place significative aux demandes des Noirs. Si nouvelle coalition il y a, elle ne s'établirait pas seulement pour éviter le pire – la réélection de Trump – et donc par défaut, mais pour prendre en considération le cri poignant des Africains-Américains. Leurs demandes peuvent se résumer ainsi : le droit à la vie. Des vies qui ne soient pas outre mesure fauchées par la Covid, ou étouffées par le genou d'un policier raciste. Joe Biden, sauvé *in extremis* pendant les primaires démocrates grâce à la mobilisation noire, a aujourd'hui la mission historique de faire du droit à la vie des Noirs une cause nationale.

Notes

Notes du chapitre premier, p. 17

1. On désigne à l'époque par « Territoires de l'Ouest » les territoires situés à l'ouest du Mississippi.

2. Sur le commerce des esclaves, voir le livre majeur de Walter Johnson, *Soul by Soul. Life Inside the Antebellum Slave Market*, Cambridge (Mass.), Harvard University Press, 1999.

3. Il existe environ 120 autobiographies d'esclaves publiées entre le milieu du XVIIIe et le début du XXe siècle. Aujourd'hui, celles-ci constituent une source majeure d'information pour les chercheurs, à condition de les considérer de manière critique. Voir Yuval Taylor (dir.), *I Was Born a Slave. An Anthology of Classic Slave Narratives*, Édimbourg, Payback Press, 1999.

4. J. Brown, *Slave Life in Georgia*, Londres, 1855.

5. « J'en ai assez d'être vendu aux enchères / assez des coups du régisseur / assez des rations de maïs / assez d'obéir aux ordres de la maîtresse. »

Notes du chapitre II, p. 37

1. Disponible sur docsouth.unc.edu/neh/turner/turner.html

2. Kenneth Greenberg (dir.), *Nat Turner, a Slave rebellion in History and Memory*, New York, Oxford University Press, 2003 ; William Styron, *Les Confessions de Nat Turner*, Paris, « Folio », Gallimard, 1982.

Notes du chapitre III, p. 45

1. Un numéro spécial du *Journal of American History* de septembre 2009 fait le point sur l'historiographie de Lincoln.

2. D. H. Donald, *Lincoln*, New York, Simon and Schuster, 1996 ; M. Burlingame, *Abraham Lincoln : A Life*, Baltimore, Johns Hopkins University Press, 2008 ; J. McPherson, *Abraham Lincoln*, New York, Oxford University Press, 2009.

3. G. Fredrickson, *Big Enough to be Inconsistent : Abraham Lincoln confronts Slavery and Race*, Cambridge (Mass.), Harvard University Press, 2008 ; E. Foner, *The Fiery Trial. Abraham Lincoln and American Slavery*, New York, Norton, 2010.

4. Le discours est traduit dans Bernard Vincent, *Abraham Lincoln. Le pouvoir des mots. Lettres et discours*, Paris, L'Archipel, 2009, p. 45.

5. Voir J. Oakes, *The Radical and the Republican : Frederick Douglass, Abraham Lincoln and the Triumph of Antislavery Politics*, New York, Norton, 2007.

6. G. Fredrickson, « A Man but not a Brother : Abraham Lincoln and Racial Equality », *Journal of Southern History*, 41, 1975, p. 39-58.

7. La Virginie perdit tout de même une partie de son territoire, qui forma un nouvel État, la Virginie-Occidentale, fidèle à l'Union.

8. J. McPherson, *La Guerre de Sécession, 1861-1865*, Paris, Robert Laffont, 1991 ; M. Green, *Freedom, Union and Power : Lincoln and his Party during the Civil War*, New York, Fordham University Press, 2004, et D. H. Donald, *Lincoln*, *op. cit.*

9. L. Bennett, *Forced into Glory : Abraham Lincoln's White Dream*, Chicago, Johnson Publishing, 2000.

10. A. Guelzo, *Lincoln's Emancipation Proclamation : The End of Slavery in America*, New York, Simon and Schuster, 2004.

11. Voir J. Waugh, *Reelecting Lincoln. The Battle For the 1864 Presidency*, New York, Crown, 1998.

12. Lincoln, Second discours d'inauguration, 4 mars 1865. Ce discours est gravé sur le mur intérieur du Lincoln Memorial à Washington.

13. Voir D. H. Donald, *Lincoln*, *op. cit.*, et J. McPherson, *Tried by War : Abraham Lincoln as Commander in Chief*, New York, Penguin, 2008.

14. T. Wheeler, *M. Lincoln's T-Mails : How Abraham Lincoln Used the Telegraph to Win the Civil War*, New York, Harper, 2008.

Notes du chapitre IV, p. 65

1. Voir G. Fredrickson, *White Supremacy*, New York, Oxford University Press, 1981.

2. Voir G. P. Rawick, *The American Slave*, Westport, Greenwood Publishing Company, 1972, vol. 4, n° 2, *Texas Narratives*, p. 134. Ces 19 volumes d'interviews d'anciens esclaves constituent une documentation unique pour les historiens de l'esclavage et de la ségrégation.

3. C. Vann Woodward, *The Strange Career of Jim Crow*, New York, Oxford University Press, 1955 [1974], p. 108.

4. W. E. B. Du Bois, *Les Âmes du peuple noir*, Paris, Rue d'Ulm, 2004.

5. Cité par E. Ayers, *The Promise of the New South*, New York, Oxford University Press, 1992, p. 427.

6. D'après une étude statistique portant sur 2 805 des 4 743 lynchages dans le Sud des États-Unis entre 1882 et 1958 : S. Tolnay et E. M. Beck, *Festival of Violence*, Urbana, University of Illinois Press, 1995.

7. Joël Michel, *Le Lynchage aux États-Unis*, Paris, La Table Ronde, 2008 ; Trudier Harris, *Exorcising Blackness : Historical and Literary Lynching and Burning Rituals*, Bloomington, Indiana University Press, 1984.

8. Voir T. Sugrue, *The Origins of the Urban Crisis. Race and Inequality in Postwar Detroit*, Princeton, Princeton University Press, 1996.

9. Saul Dubow, *Apartheid, 1948-1994*, Oxford, Oxford University Press, 2014.

Notes du chapitre V, p. 81

1. Cité par C. L. Williams, *Torchbearers of Democracy. African American Soldiers in the World War I Era*, Chapel Hill, University of North Carolina Press, 2010, p. 24.

2. Cité par J. D. Keene, *Doughboys, the Great War, and the Remaking of America*, Baltimore, Johns Hopkins University Press, 2001.

3. Voir C. L. Williams, *Torchbearers of Democracy*, *op. cit.*, p. 113.

4. En août 1917, cent cinquante soldats afro-américains se rebellèrent dans un camp situé à Houston, Texas, à la suite d'une altercation ; dix-neuf mutins furent exécutés.

Notes du chapitre VI, p. 89

1. John Barry, *Rising Tide, The Great Mississippi Flood of 1927 and how it Changed America*, New York, Simon and Schuster, 1997.

2. Sur l'ensemble de l'événement, voir Susan Scott Parrish, *1927, la grande crue du Mississippi. Une histoire culturelle totale*, Paris, CNRS éditions, 2019.

3. Voir W. Barber, *Herbert Hoover. The Economists and American Economic Policy, 1921-1933*, Cambridge, Cambridge University Press, 1985.

4. La pellagre est une maladie provoquée par une carence en vitamine B3 qui, non traitée, peut entraîner le décès dans les deux mois.

Note du chapitre VII, p. 97

1. Voir James H. Jones, *Bad Blood. The Tuskegee Syphilis Experiment*, New York, Free Press, 1993 ; Susan M. Reverby, *Tuskegee's Truths : Rethinking the Tuskegee Syphilis Study*, Chapel Hill, University of North Carolina Press, 2000.

Notes du chapitre VIII, p. 103

1. La biographie de référence est celle de Taylor Branch, publiée en trois volumes : *Parting the Waters : America in the King Years 1954-63*, New York, Simon and Schuster, 1988 ; *Pillar Of Fire : America In The King Years 1963-64*, New York, Simon and Schuster, 1998 ; *At Canaan's Edge : America in the King Years, 1965-68*, New York, Simon and Schuster, 2007.

2. http://www.stanford.edu/group/King/additional_resources/articles/palimp.htm

3. Voir R. Arsenault, *Freedom Riders : 1961 and the Struggle for Racial Justice*, New York, Oxford University Press, 2006.

4. Cité par Clayborne Carson, *MLK. Autobiographie*, Paris, Bayard, 2000, p. 316 et 320.

Notes du chapitre IX, p. 123

1. Robert Dallek, *An Unfinished Life, John F. Kennedy, 1917-1963*, Back Bay, New York, 2004.

2. À signaler l'ouvrage pionnier de Mark Stern, *Calculating Visions. Kennedy, Johnson and Civil Rights*, New Brunswick, Rutgers University Press, 1992. Et Maldava Glyne, *Within the Limits of our Authority, The Civil Rights Education of JFK, 1961-1963*, Lincoln, Universe, 2006.

Notes du chapitre X, p. 135

1. Isabelle Wilkerson, *The Warmth of Other Suns : The Epic Story of America's Great Migration*, New York, Penguin, 2020 (réédition).

2. Thomas Sugrue, *Sweet Land of Liberty : The Forgotten Struggle for Civil Rights in the North*, New York, Random House, 2008.

3. Édition en langue française : Louis Wirth, *Le Ghetto*, Grenoble, Presses universitaires de Grenoble, 2006.

4. Le sociologue Robert Park est le fondateur de l'école de Chicago et auteur de la préface du *Ghetto*.

5. Pap Ndiaye et Andrew Diamond, *Histoire de Chicago*, Paris, Fayard, 2013.

6. La biographie de référence est celle de Manning Marable, *Malcom X : Une vie de réinventions (1925-1965)*, Paris, Syllepse, 2014.

7. Joshua Bloom et Waldo E. Martin, *Black Against Empire. The History and Politics of the Black Panther Party*, Berkeley, University of California Press, 2013.

Notes du chapitre XI, p. 161

1. Les deux hommes ont chacun publié leur autobiographie : Tommie Smith, *Silent Gesture : The Autobiography of Tommie Smith*, Philadelphie, Temple University Press, 2007, et John Carlos, *The John Carlos Story*, Chicago, Haymarket Books, 2011.

2. Harry Edwards, *The Revolt of the Black Athlete*, Urbana, University of Illinois Press, 2017.

Notes du chapitre XII, p. 171

1. Il existait trois types de colonies : les « colonies royales » (New Hampshire, New York, Virginia, North Carolina, South Carolina, Georgia, et Massachusetts), les « colonies de propriétaires » (Pennsylvanie, New Jersey, Maryland) possédées par un *lord proprietor* et les « colonies à chartes » (Rhode Island et Connecticut) contrôlées par une compagnie.

2. Cité par Alex Keyssar, *The Right to Vote. The Contested History of Democracy in the United States*, New York, Basic Book, 2000, chap. 3.

3. Cité par Michael Waldman, *The Fight to Vote*, New York, Simon & Schuster, 2016, p. 64.

4. Eric Foner, *Reconstruction. America's Unfinished Revolution, 1863-1877*, New York, Harper, 2014.

5. Steven Hahn, *A Nation under our Feet. Black Political Struggles in the Rural South from Slavery to the Great Migration*, Cambridge, Mass., Harvard University Press, 2003.

6. Sur le *Chinese Exclusion Act* de 1882, voir Mae Ngai, *Impossible Subjects. Illegal Aliens and the Making of Modern America*, Princeton, Princeton University Press, 2003.

7. Ellen Carol DuBois, *Feminism and Suffrage : The Emergence of an Independent Women's Movement in America, 1848-1869*, Ithaca, Cornell University Press, 1999.

8. Pour qu'un amendement soit ratifié, il doit obtenir une majorité des deux tiers au Congrès et être ensuite approuvé par les trois-quarts des États (article V de la Constitution).

9. Ellen Carol DuBois, *Suffrage. Women's Long Battle for the Vote*, New York, Simon & Schuster, 2020.

10. Hélène Thomas, *Tocqueville en Alabama*, Bellecombe-en-Bauges, Éditions du Croquant, 2014.

11. Fabian Lange, Alan L. Olmstead, Paul W. Rhode, « The Impact of the Boll Weevil, 1892-1932 », *Journal of Economic History*, 69, septembre 2009, p. 685-718 ; Robert Higgs, « The Boll Weevil, the Cotton Economy and Black Migration », *Agricultural History*, 50/2, 1976, p. 335-350.

12. Carol Anderson, *Eyes off the Prize : The United Nations and the African American Struggle for Human Rights, 1944-1955*, New York, Cambridge University Press, 2003.

13. Penny Von Eschen, *Satchmo Blows Up the World : Jazz Ambassadors Play the Cold War*, Cambridge, Harvard University Press, 2006.

14. David Garrow, *Protest at Selma : Martin Luther King, Jr., and the Voting Rights Act of 1965*, Newhaven, Yale University Press, 1978.

15. Des archives sur les Lafayette se trouvent sur le site suivant : https://snccdigital.org/events/bernard-colia-lafayette-begin-selma-project/ Voir également Bernard Lafayette et Kathryn Lee Johnson, *In Peace and Freedom. My Journey in Selma*, Lexington, University Press of Kentucky, 2016.

16. « Project Underway in Dallas County ; 20 Register », *The Student Voice*, 1er avril 1963.

17. Robert Pratt, *Selma's Bloody Sunday : Protest, Voting Rights, and the Struggle for Racial Equality*, Baltimore, Johns Hopkins University Press, 2017.

18. Gary May, *Bending Toward Justice. The Voting Rights and the Transformation of American Democracy*, New York, Basic Books, 2013.

19. Fondé par un prêtre catholique en 1934, le campus St Jude comprenait un lycée, un hôpital, un dispensaire et une église.

20. Martin Luther King, « Our God is Marching On », Stanford University, MLK Research and Education Institute, https://kinginstitute.stanford.edu/our-god-marching

21. Témoignage de Moton dans un article de Dona Britt, « They killed a White Woman », *Washington Post*, 27 février 2019. Moton a toujours contredit le fait que la voiture du Klan les aurait pris en chasse, et qu'il aurait fait le mort au moment où les *Klansmen* s'approchèrent.

22. Mary Stanton, *From Selma to Sorrow : The Life and Death of Viola Liuzzo*, Athens, University of Georgia Press, 1998.

23. *Ibid.*, p. 122.

24. Ari Berman, *Give Us the Ballot : The Modern Struggle for Voting Rights in America*, New York, Farrar, Strauss and Giroux, New York, 2015, p. 43.

25. Hasan Jeffries, « SNCC, Black Power, and Independent Political Party Organizing in Alabama, 1964-1966 », *Journal of African American History*, 91, 2, 2006, p. 171-193.

26. Karlyn Forner, *Why the Vote Wasn't Enough for Selma*, Durham, Duke University Press, 2017.

27. Carol Anderson, *One Person, No Vote. How Voter Suppression is Destroying our Democracy*, New York, Bloomsbury, 2018.

Notes du chapitre XIII, p. 237

1. B. Obama, *Les Rêves de mon père*, Paris, Presses de la Cité, 2004, p. 568.

2. *Ibid.*, p. 368.

Chronologie

1787 : la Constitution des États-Unis prévoyait que la population esclave comptait pour les trois-cinquième de la population libre, manière de déterminer le poids démographique de chaque État, et donc sa représentation politique et sa fiscalité. Les termes d'« esclave » et d'« esclavage » ne sont pas mentionnés dans la Constitution, qui use d'euphémismes pour en parler. Les Pères de la Constitution ne s'opposèrent donc pas à l'esclavage, d'autant qu'une petite moitié possédaient des esclaves, de même que dix des douze premiers présidents. Quant à la traite transatlantique, la Constitution interdit au Congrès de légiférer en la matière pendant vingt ans : ce délai permit aux planteurs d'importer un nombre record d'Africains, jusqu'à l'interdiction de la traite en 1807.

1831 : la révolte de Nat Turner (1800-1831) en août 1831 en Virginie, bien qu'écrasée, suscita l'effroi des esclavagiste et une répression féroce. Cette révolte s'inscrivait dans un moment de contestation grandissante de l'esclavage, d'essor des mouvements abolitionnistes, et en écho à la révolution haïtienne.

1863 (1er janvier) : proclamation d'émancipation par Lincoln abolissant l'esclavage dans les États confédérés. La guerre de Sécession n'était officiellement plus menée seulement pour ramener les États sécessionnistes dans le giron de l'Union, mais aussi pour abolir l'esclavage. La Proclamation avait également pour objectif de rallier à la cause du Nord et de ses armées les esclaves du Sud confédéré.

1865 (6 décembre) : abolition de l'esclavage par le 13e amendement à la Constitution : « Ni esclavage ni servitude involontaire, si ce n'est en punition d'un crime dont le coupable aura été dûment condamné, n'existeront aux États-Unis ni dans aucun des lieux soumis à leur juridiction. » L'abolition de l'esclavage aux États-Unis survint après celle du Royaume-Uni (1833) et de France (1848), et avant celle de Cuba (1886) et du Brésil (1888).

1868 : le 14e amendement garantit la citoyenneté à toute personne née ou naturalisée aux États-Unis et octroie le droit de vote à tous les hommes de plus de 21 ans, y compris les affranchis. Mais sa formulation ambigüe laissait la porte ouverte à la possibilité d'une restriction du droit de vote, puisque celle-ci se trouvait simplement sanctionnée dans la représentation politique, plutôt qu'interdite *stricto sensu*.

1870 : le 15e amendement interdit de remettre en cause le droit de vote des citoyens, en particulier ceux qui avaient été en état de servitude. Il enfonce le clou du 14e amendement. Pris ensemble, les 13e, 14e et 15e amendements semblaient interdire tout retour en arrière et cimenter solidement citoyenneté et droit de vote.

1880-1900 : mise en place des lois de ségrégation, qui séparaient formellement la « population de couleur » de la population blanche dans les États du Sud dans tous les domaines et tous les lieux, avec des variations selon les États. La décision de la Cour suprême *Plessy v. Ferguson* légalisa la ségrégation. Cette séparation raciale visait à écarter toute menace de métissage, et à maintenir les Africains Américains dans une situation de marginalité politique et sociale. Les lynchages, qui se multiplièrent à partir des années 1890, confortaient la ségrégation en terrorisant la population noire.

1890-1910 : privation du droit de vote dans les États du Sud par différents stratagèmes (taxes, tests de connaissance de la Constitution, « clause du grand-père », etc.). Pour éviter de contrevenir au 15e amendement, il n'était nulle part fait mention explicite de la race comme critère d'exclusion. Comme elle l'avait fait en 1896 pour la ségrégation, la Cour suprême valida toutes les lois de restriction du corps électoral, en soutenant qu'elles ne visaient pas explicitement les Africains-Américains, et qu'à ce titre elles ne contrevenaient pas au 15e amendement de la Constitution. La Cour ajouta en outre que le 15e amendement s'appliquait aux États, et non aux individus, ces derniers pouvant donc librement s'en prendre aux électeurs noirs. Ces lois d'exclusion furent inscrites dans les constitutions des États du Sud, révisées au début du XXe siècle pour liquider la participation électorale des Noirs. Dans la Constitution de l'Alabama, votée en 1901, le suffrage n'est plus défini comme un droit, mais comme un « privilège ». Dans le Sud, les électeurs noirs deviennent rarissimes, et ne pèsent plus politiquement.

1909 : fondation de la NAACP (National Association for the Advancement of Colored People), la première association nationale de défense des Noirs américains. Initiée par le « Niagara Mouvement » à partir de 1905, la NAACP rassemblait des personnalités blanches, comme la réformatrice sociale Florence Kelley, et noires, comme la journaliste Ida Wells et surtout le sociologue W. E. B. Du Bois, intellectuel africain-américain le plus influent du XXe siècle. La NAACP se battait contre la ségrégation, la privation du droit de vote et les lynchages, dont elle réclamait l'interdiction par une loi. Ses membres, qui se recrutaient parmi les élites, privilégiaient l'approche judiciaire pour faire avancer la cause des Noirs : de grands succès furent à son actif, mais la NAACP, trop prudente, fut débordée par le mouvement des droits civiques, préférant la mobilisation populaire aux seules cours de justice.

1917 : l'entrée en guerre des États-Unis entraîna l'envoi en France de 200 000 soldats africains-américains, lesquels découvrirent un pays exempt de la ségrégation et des violences raciales qui avaient cours dans leur pays. Cette expérience internationale fondatrice joua un rôle important dans la politisation des Noirs américains, et leur mobilisation qui culmina après la Seconde Guerre mondiale. Au même moment, la pénurie de main d'œuvre dans la grande industrie américaine, liée à l'arrêt de l'immigration européenne pendant la guerre, poussa la population noire du Sud à migrer vers les grandes villes du nord et du midwest, où des emplois leur étaient proposés et où les violences raciales étaient moindres : c'est la « Grande Migration », qui fit apparaître de grands quartiers noirs comme ceux de Harlem à New York ou le South Side à Chicago. En 1927, la grande crue du Mississippi inonda 70 000 km², entraîna la mort d'au moins 500 personnes, et amplifia la migration des Noirs du delta vers St. Louis, Chicago, Milwaukee et Detroit.

1917 : fondation de la section américaine de l'Universal Negro Improvement Association (UNIA) par Marcus Garvey (1887-1940). Né en Jamaïque, Garvey fut d'abord ouvrier imprimeur syndicaliste, avant de se tourner vers la politique. Il voyagea dans la Caraïbe, puis à Londres, avant de fonder l'UNIA jamaïcaine en 1914, une association panafricaine visant à rassembler les « peuples noirs du monde ». Comme des milliers de Jamaïcains, Garvey s'installa à New York en 1916, relança l'UNIA, portée par son charisme, ses dons oratoires, et son journal, *Negro World*. Les effectifs crurent rapidement dans tous les États-Unis. L'UNIA était aussi un *business*, avec des commerces et une compagnie maritime, la Black Star Line, créée afin de faciliter la migration des descendants d'esclaves vers l'Afrique. Les foules immenses qui suivaient les congrès de l'UNIA témoignent de sa popularité et de son ancrage dans les mondes populaires noirs, par contraste avec la NAACP, plus bourgeoise. Après l'arrestation de Garvey pour fraude et son expulsion des États-Unis en 1927, l'UNIA déclina, minée par les divisions. L'influence du garveyisme se fit néanmoins sentir jusqu'aux indépendances africaines, notamment chez ceux, tel le ghanéen Kwame Nkrumah, qui se réclamaient du panafricanisme.

1932 : début de l'expérience de Tuskegee, qui vit un groupe d'environ 400 hommes noirs atteints de syphilis, non informés et non soignés, de la région de Tuskegee dans l'Alabama être soumis à une étude scientifique officielle visant à déterminer les effets physiologiques de cette maladie. Cette étude se poursuivit jusqu'en 1972, date à laquelle nombre de patients étaient décédés. Ce scandale sanitaire permet de comprendre certaines réticences de la population noire américaine à l'égard des recommandations officielles des autorités publiques en matière de santé.

1954 : décision *Brown v. Board of Education* de la Cour suprême, mettant fin à la ségrégation dans les écoles publiques des États-Unis. Cette décision, l'une des plus importantes de l'histoire juridique du pays, abrogea la légalisation de la ségrégation que la même Cour avait décidée en 1896. La même année, Martin Luther King s'installa à Montgomery (Alabama) pour y exercer les fonctions de pasteur de l'église Dexter.

1955 (2 décembre) : Rosa Parks, militante de la NAACP, refusa de laisser sa place à un voyageur blanc dans un bus local de Montgomery. Elle fut arrêtée sur le champ. Un boycottage d'une année de la compagnie de bus s'ensuivit, mené par King, à la tête de la Montgomery Improvement Association qui avait pour but d'organiser l'entraide entre Noirs pendant le boycott. Le mouvement pour les droits civiques était né. Fin 1956, la Cour suprême interdit la ségrégation dans les transports en commun. Dans la foulée, King et un groupe de pasteurs créent la Southern Christian League Conference (SCLC), organisation chrétienne prônant la désobéissance civile et non violente pour mettre fin à la ségrégation.

1963 (mars) : grandes manifestations pour les droits civiques à Birmingham (Alabama), violemment réprimées par le shérif Bull Connor et ses hommes. Le 28 août, devant le Lincoln Memorial de Washington, Martin Luther King prononça son fameux discours *I Have a Dream* à l'occasion de la « marche sur Washington pour l'emploi et la liberté ». En faisant référence à Lincoln, King, orateur inspiré, s'appuyait sur les principes fondateurs des États-Unis pour réclamer justice et « faire le rêve » d'un pays réconcilié et uni, sans distinction de couleur.

1964 (juillet) : vote de la loi sur les droits civiques (*Civil Rights Act*), qui interdit la ségrégation et toute forme de discrimination dans les lieux recevant du public et dans l'accès à l'emploi. Dans le Sud, des commerces, des écoles, des universités, des clubs de sport résistèrent, sournoisement ou en usant de violence, à son application. En outre, les dispositions concernant le droit de vote contenues dans cette loi étaient trop vagues pour être effectives, de telle sorte que, dans les mois qui suivirent, rien ne changea vraiment dans le Sud profond. Cette loi, que des militants payèrent de leur vie, fut néanmoins l'un des points d'orgue du mouvement pour les droits civiques, dont le retentissement était mondial. Le 10 décembre, Martin Luther King reçut le prix Nobel de la paix.

1965 (août) : après la marche de Selma en mars, le vote de la loi sur le droit de vote (*Voting Rights Act*), interdisant toute forme de discrimination dans l'exercice du droit de vote est acquis. Un siècle après la guerre de Sécession, le *Voting Rights Act* mettait pratiquement en œuvre le 15e amendement de 1870. Il n'était pas révolutionnaire du point de vue des principes, mais il garantissait pragmatiquement l'application de la Constitution dans la vie réelle. Grande originalité, la loi comprenait des clauses particulières, destinées à certains États, qui se trouvaient donc placés sous surveillance fédérale. Ces États n'avaient pas le droit de toucher à leurs procédures électorales sans autorisation expresse du ministère de la Justice ou d'un juge d'un tribunal fédéral de Washington. Des observateurs mandatés par l'État fédéral devaient vérifier la validité des élections dans les États concernés, et des fonctionnaires fédéraux devaient inscrire les citoyens sur les listes électorales. Le Sud se trouvait ainsi placé sous surveillance fédérale, ce qui paraissait indispensable au vu de ce qui s'était passé à la fin du XIXe siècle, lorsque la région avait réussi à contourner les 14e et 15e amendements avec l'assentiment de la Cour suprême des États-Unis. Le nombre d'Africains-Américains enregistrés sur les listes électorales des États du Sud s'accrut significativement dans les années qui suivirent, sans pour autant rattraper le taux d'inscription de la population blanche, sauf en Virginie. En 2013, La Cour suprême leva les restrictions qui pesaient sur ces États depuis 1965, ouvrant la voie à de nouveaux empiétements sur le droit de vote des minorités.

1968 (4 avril) : Martin Luther King est assassiné à Memphis. Sa mort souleva de désespoir les quartiers noirs, en prolongement des soulèvements urbains des « étés longs et chauds » des années précédentes. En 1968 et 1969, de nombreux jeunes Noirs des ghettos se tournaient vers le Black Panther Party (BPP), fondé en octobre 1966, très en phase avec leurs demandes de justice, d'accès à l'emploi et de dénonciation des violences policières. Le BPP s'inscrivait dans une orbite plus large, celle du Black Power, une mouvance politique très visible et très active entre le milieu des années 1960 et le début des années 1970, prônant la prise en charge de leurs affaires par les Noirs eux-mêmes, et ne rejetant pas nécessairement la violence comme arme politique. Malcom X, assassiné en 1965, peut être considéré comme l'un des pères fondateurs du Black Power. Sur le podium du 200 mètres des Jeux olympiques de Mexico, le 16 octobre 1968, les poings levés de Tommie Smith et John Carlos (étudiants à San Jose State University, à proximité d'Oakland) exposèrent au monde la lutte radicale des militants noirs. 1968, année de tumultes, fut bien celle du Black Power.

2008 (4 novembre) : Barack Obama est élu président des États-Unis. Sa personnalité charismatique, son souci de s'adresser à tous les Américains (et pas seulement aux Noirs), sa filiation mixte (de mère américaine blanche et de père kenyan noir), ses études brillantes de droit, la nouveauté qu'il incarnait (lui qui était à peine connu quatre ans auparavant), et enfin la crise économique et financière de 2008 à laquelle les Républicains ne surent pas répondre, lui permirent de rassembler près de 53 % des suffrages. Après un premier mandat marqué par un plan de relance économique, le vote d'une loi d'assurance maladie et l'élimination de Ben Laden, Obama fut réélu en 2012. Lors de son second mandat, plus défensif, Obama fut surpris par l'émergence du mouvement Black Lives Matter, faisant entendre une protestation vigoureuse contre les violences dont sont victimes les Noirs de la part des forces de l'ordre ou d'agents de surveillance.

2020 (25 mai) : le meurtre de George Floyd suscita une vague d'émotion et de protestation dans tous les États-Unis et dans le reste du monde. Son agonie, filmée par un passant, jeta une lumière crue sur les pratiques des départements de police américains. L'indifférence du président Donald Trump et son soutien marqué aux suprématistes blancs furent un élément marquant de la campagne présidentielle de l'automne 2020, en soulignant par contraste la volonté de Joe Biden de progresser sur le terrain de l'égalité raciale.

Table